Mastering With Drills

Division

(Mastering Division With Daily Drills)

RG Baltazar

Master Division Drills!
A 365 Day Per Year Self-Tutoring Drill Book

Mastering with drills....

ISBN 978-1-105-37505-7
baltazarinc@yahoo.com
Copyright ©2012, RG Baltazar
All rights reserved.

No part of this book may be reproduced, stored in a retrieval system, or transmitted by any means, electronic, mechanical, photocopying, recording, or otherwise without written permission from the publisher.

TABLE OF CONTENT

PAGE	CHAPTER TOPIC	Chapter
11	Divide By One Digit Number Rounded to Nearest Whole Number	1
23	Divide The Numbers And Round To The Tenth Decimal	2
35	Divide And Round To The Nearest Whole Number	3
47	Divide And Round To The Tenth Decimal Place	4
59	Divide And Round To The Hundredth Decimal Place	5
71	Horizontal Division Using Single Digit Numbers And Ten	6
83	Horizontal Division Using Two Digit Numbers	7
95	Horizontal Division Using Up-To Three Digit Numbers	8
107	Horizontal Division Using Up-To Three Digit Numbers	9
119	Horizontal Division Using Up-To Three Digit Numbers	10
131	Give The Answers As Fractions In Lowest Terms	11
143	Give The Answers As Fractions In Lowest Terms	12
155	Give The Answers As Fractions In Lowest Terms	13
167	Give The Answers As Fractions In Lowest Terms	14
179	Divide The Negative & Positive Numbers To The Tenth Decimal Place	15

ANSWERS

PAGE	CHAPTER TOPIC	Chapter
189	Divide By One Digit Number Rounded to Nearest Whole Number	1
190	Divide The Numbers And Round To The Tenth Decimal	2
191	Divide And Round To The Nearest Whole Number	3
192	Divide And Round To The Tenth Decimal Place	4
193	Divide And Round To The Hundredth Decimal Place	5
194	Horizontal Division Using Single Digit Numbers And Ten	6
195	Horizontal Division Using Two Digit Numbers	7
196	Horizontal Division Using Up-To Three Digit Numbers	8
197	Horizontal Division Using Up-To Three Digit Numbers	9
198	Horizontal Division Using Up-To Three Digit Numbers	10
199	Give The Answers As Fractions In Lowest Terms	11
200	Give The Answers As Fractions In Lowest Terms	12
201	Give The Answers As Fractions In Lowest Terms	13
202	Give The Answers As Fractions In Lowest Terms	14
203	Divide The Negative & Positive Numbers To The Tenth Decimal Place	15

Mastering with drills....

Dear Parent / Student / Teacher,

Too many of our students are lacking the basic skills in mathematics that will ensure academic success. Studies have shown that it takes lots of practice to learn these skills. After you have master the basic skills, then you can succeed with more complex mathematical problems.

This Math drill book will make it possible for students to boost their confidence with mathematics. Furthermore, each student can challenge his or herself to try beating the previous drill, both in time and accuracy. Drills have helped millions of students imbed into their long term memory mathematics basic but necessary skills.

It does not matter if you do the drill book at home or in the classroom, since the answer is provided to each drill. Children that are advance in mathematics became this way by first mastering the basic concepts that enable them to then succeed. The more drills the student does, the more confident he or she becomes. And believe me that it takes lots and lots of practice to build upon and master the higher level math skills that schools are demanding.

Don't forget to encourage each student to work on drills every day, week, month of the year. By doing so, each child will then develop the study habits that the worlds most advanced students possess. It's not that other students are brighter than others, it's that other students have learned the basic foundations required to succeed.

Congratulations on deciding to empower children with the tools they need to master and conquer mathematics.

Good Luck,

RG Baltazar

EXAMPLE OF STUDENT PROGRESS GRAPH

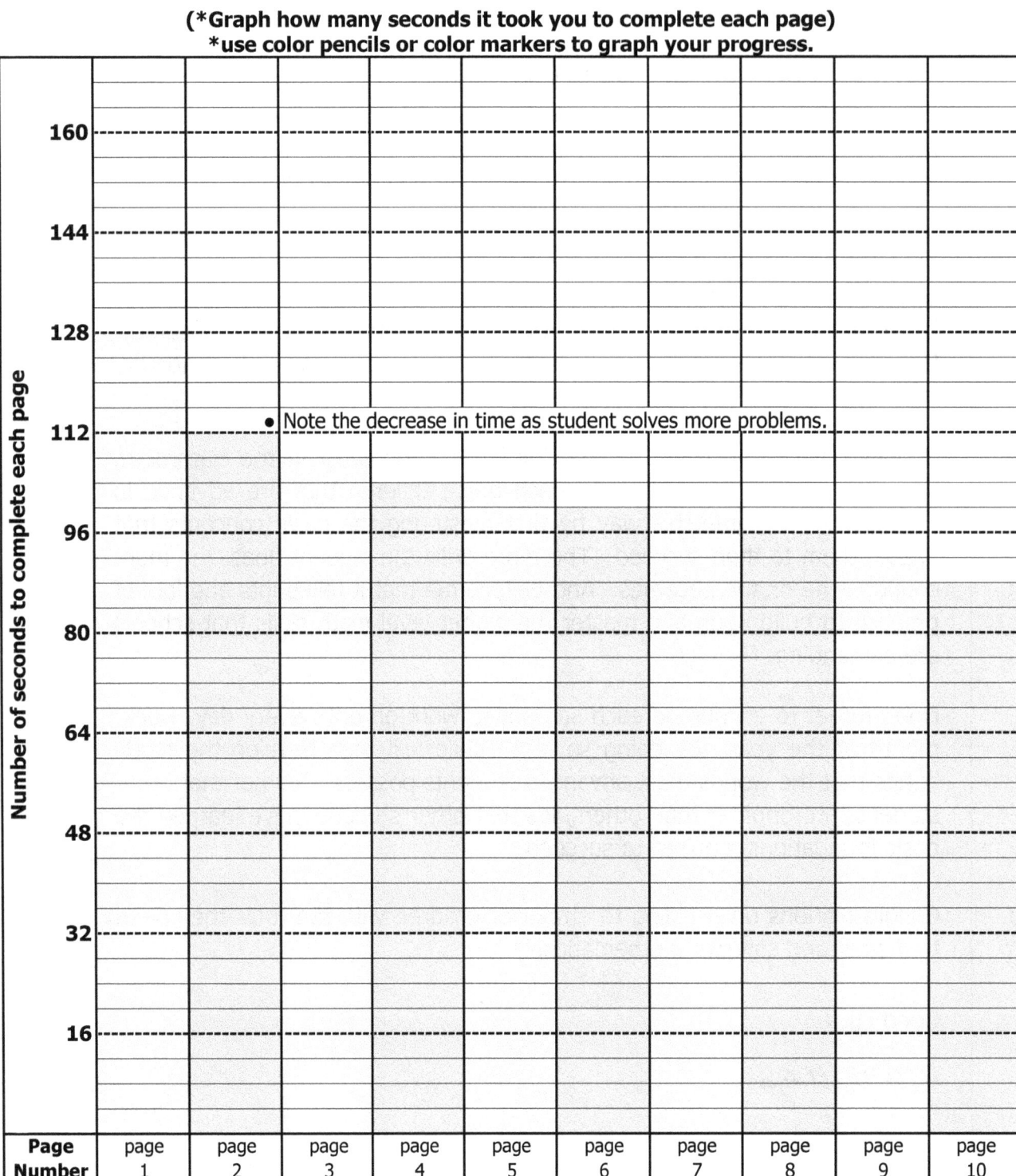

(*Graph how many seconds it took you to complete each page)
*use color pencils or color markers to graph your progress.

Note the decrease in time as student solves more problems.

EXAMPLES

CHAPTER 1

Divide By One Digit Number Rounded to Nearest Whole Number

1. 7)78 = 11.1   Answer: 11

2. 3)95 = 31.7   Answer: 32

3. 8)15 = 1.9   Answer: 2

4. 3)35 = 11.7   Answer: 12

5. 3)98 = 32.7   Answer: 33

6. 5)31 = 6.2   Answer: 6

7. 7)35 = 5.0   Answer: 5

8. 1)16 = 16.0   Answer: 16

9. 5)90 = 18.0   Answer: 18

10. 5)14 = 2.8   Answer: 3

11. 2)87 = 43.5   Answer: 44

Solve The Problems With No Remainders.

EXAMPLE:

4)36 = 9.0
  -36
    0

Answer: 9

CHAPTER 1 PROGRESS Name: _____

(*Graph how many seconds it took you to complete each page)
*use color pencils or color markers to graph your progress.

Number of seconds to complete each page										
7										
6										
5										
4										
3										
2										
1										
Page Number	page 11	page 12	page 13	page 14	page 15	page 16	page 17	page 18	page 19	page 20

CHAPTER 1

Name:_____

Divide By One Digit Number Rounded to Nearest Whole Number

1. 9)90

2. 1)46

3. 5)50

4. 7)69

5. 4)23

6. 5)75

7. 7)17

8. 2)21

9. 8)88

10. 5)73

11. 8)91

12. 6)28

13. 7)86

14. 3)95

15. 6)92

16. 2)33

17. 8)11

18. 5)62

19. 3)17

20. 8)71

21. 6)24

22. 3)14

23. 4)31

24. 5)87

CHAPTER 1

Name: _____

Divide By One Digit Number Rounded to Nearest Whole Number

25. 8)50   37. 7)69

26. 6)42   38. 9)16

27. 2)96   39. 2)86

28. 4)35   40. 5)52

29. 9)34   41. 5)80

30. 1)98   42. 6)41

31. 5)44   43. 9)38

32. 1)88   44. 8)93

33. 4)37   45. 6)47

34. 5)64   46. 1)48

35. 5)36   47. 8)71

36. 3)74   48. 5)76

CHAPTER 1

Name: _____

Divide By One Digit Number Rounded to Nearest Whole Number

49. 2)92   61. 1)94

50. 5)14   62. 9)69

51. 8)33   63. 4)26

52. 3)59   64. 8)26

53. 2)48   65. 4)91

54. 1)33   66. 2)38

55. 3)49   67. 3)70

56. 1)94   68. 5)47

57. 3)86   69. 2)47

58. 6)99   70. 2)77

59. 5)23   71. 4)43

60. 3)16   72. 7)83

CHAPTER 1

Name:_____

Divide By One Digit Number Rounded to Nearest Whole Number

73. 6)79   85. 6)24

74. 2)19   86. 9)69

75. 7)82   87. 7)22

76. 8)83   88. 9)98

77. 1)76   89. 3)96

78. 5)48   90. 3)88

79. 7)40   91. 5)27

80. 1)52   92. 3)91

81. 3)94   93. 8)22

82. 6)68   94. 8)25

83. 2)30   95. 4)94

84. 8)18   96. 5)61

CHAPTER 1
Divide By One Digit Number Rounded to Nearest Whole Number

Name:_____

97. $1\overline{)90}$ 109. $5\overline{)61}$

92. $5\overline{)32}$ 110. $6\overline{)95}$

99. $2\overline{)94}$ 111. $4\overline{)51}$

100. $3\overline{)76}$ 112. $9\overline{)19}$

101. $5\overline{)14}$ 113. $4\overline{)59}$

102. $4\overline{)63}$ 114. $3\overline{)95}$

103. $7\overline{)12}$ 115. $3\overline{)88}$

104. $1\overline{)53}$ 116. $2\overline{)15}$

105. $3\overline{)71}$ 117. $4\overline{)58}$

106. $1\overline{)23}$ 118. $4\overline{)88}$

107. $3\overline{)84}$ 119. $3\overline{)44}$

108. $8\overline{)83}$ 120. $8\overline{)54}$

CHAPTER 1
Divide By One Digit Number Rounded to Nearest Whole Number

Name:_____

121. 7)62

122. 8)52

123. 2)56

124. 2)74

125. 7)30

126. 7)38

127. 1)73

128. 9)19

129. 1)51

130. 6)43

131. 7)18

132. 4)58

133. 9)18

134. 4)93

135. 1)42

136. 7)80

137. 1)98

138. 4)67

139. 2)65

140. 6)59

141. 8)45

142. 8)86

143. 2)92

144. 1)13

CHAPTER 1
Divide By One Digit Number Rounded to Nearest Whole Number

Name: _____

145. 8)44

146. 2)36

147. 8)84

148. 6)77

149. 9)56

150. 7)10

151. 1)60

152. 8)82

153. 5)20

154. 2)72

155. 1)61

156. 8)29

157. 6)86

158. 9)11

159. 5)10

160. 3)70

161. 5)67

162. 9)62

163. 2)91

164. 9)28

165. 6)93

166. 8)21

167. 9)51

168. 4)52

CHAPTER 1

Name: _____

Divide By One Digit Number Rounded to Nearest Whole Number

169. 3) 20   181. 3) 67

170. 9) 32   182. 8) 99

171. 7) 89   183. 2) 47

172. 3) 75   184. 2) 14

173. 7) 94   185. 4) 75

174. 7) 94   186. 7) 36

175. 3) 14   187. 8) 27

176. 9) 91   188. 3) 70

177. 9) 36   189. 2) 91

178. 7) 78   190. 8) 17

179. 7) 60   191. 5) 20

180. 5) 98   192. 6) 82

CHAPTER 1

Name:_____

Divide By One Digit Number Rounded to Nearest Whole Number

193. 2)90   205. 7)33

194. 7)91   206. 9)84

195. 3)47   207. 8)24

196. 1)85   208. 5)80

197. 6)10   209. 8)69

198. 7)90   210. 6)39

199. 4)92   211. 8)28

200. 9)21   212. 1)21

201. 1)25   213. 3)11

202. 1)42   214. 3)56

203. 7)12   215. 5)79

204. 6)42   216. 3)19

CHAPTER 1

Name:_____

Divide By One Digit Number Rounded to Nearest Whole Number

217.   8 | 84   229.   4 | 54

218.   7 | 73   230.   4 | 83

219.   2 | 81   231.   5 | 43

220.   1 | 73   232.   3 | 72

221.   8 | 16   233.   8 | 28

222.   3 | 16   234.   6 | 97

223.   2 | 17   235.   2 | 21

224.   4 | 83   236.   4 | 66

225.   3 | 60   237.   8 | 62

226.   6 | 47   238.   1 | 37

227.   6 | 79   239.   5 | 81

228.   1 | 75   240.   2 | 38

EXAMPLES CHAPTER 2

Divide The Numbers And Round To The Tenth Decimal

1. 6) 12 = 2.00   Answer: 2.0

2. 7) 70 = 10.00   Answer: 10.0

3. 9) 81 = 9.00   Answer: 9.0

4. 1) 46 = 46.00   Answer: 46.0

5. 6) 34 = 5.67   Answer: 5.7

6. 3) 38 = 12.67   Answer: 12.7

7. 8) 74 = 9.25   Answer: 9.3

8. 1) 49 = 49.00   Answer: 49.0

9. 4) 98 = 24.50   Answer: 24.5

10. 5) 26 = 5.20   Answer: 5.2

11. 6) 12 = 2.00   Answer: 2.0

To get your remainder as a decimal, place a decimal after your dividend (you may need to keep adding zero's after the decimal to solve) and keep dividing until you have solve the problem.

EXAMPLE:

```
      1.8
5 ) 9.0
    -5
     40
    -40
      0
```

Answer: 1.8

CHAPTER 2 PROGRESS Name: _____

(*Graph how many minutes it took you to complete each page)
*use color pencils or color markers to graph your progress.

Number of minutes to complete each page										
Page Number	page 23	page 24	page 25	page 26	page 27	page 28	page 29	page 30	page 31	page 32

CHAPTER 2

Name: _____

Divide The Numbers And Round To The Tenth Decimal

1. 7) 84

2. 7) 90

3. 5) 86

4. 5) 45

5. 3) 99

6. 3) 90

7. 2) 16

8. 8) 58

9. 5) 88

10. 9) 10

11. 3) 68

12. 3) 74

13. 2) 33

14. 3) 89

15. 4) 17

16. 5) 11

17. 5) 38

18. 7) 45

19. 9) 41

20. 8) 10

21. 1) 75

22. 1) 60

23. 8) 52

24. 5) 16

CHAPTER 2
Divide The Numbers And Round To The Tenth Decimal

Name:_____

25. 7.0 ⟌ 24

26. 9.0 ⟌ 73

27. 8.0 ⟌ 83

28. 9.0 ⟌ 70

29. 5.0 ⟌ 69

30. 8.0 ⟌ 29

31. 2.0 ⟌ 15

32. 6.0 ⟌ 53

33. 2.0 ⟌ 70

34. 3.0 ⟌ 11

35. 9.0 ⟌ 78

36. 4.0 ⟌ 28

37. 3.0 ⟌ 93

38. 1.0 ⟌ 50

39. 1.0 ⟌ 87

40. 2.0 ⟌ 34

41. 3.0 ⟌ 73

42. 9.0 ⟌ 93

43. 7.0 ⟌ 67

44. 1.0 ⟌ 46

45. 7.0 ⟌ 28

46. 6.0 ⟌ 14

47. 5.0 ⟌ 93

48. 3.0 ⟌ 63

CHAPTER 2
Divide The Numbers And Round To The Tenth Decimal

Name:_____

49. 4)77   61. 1)41

50. 9)74   62. 7)17

51. 9)34   63. 2)87

52. 1)50   64. 1)59

53. 8)50   65. 1)47

54. 4)69   66. 2)50

55. 5)30   67. 8)32

56. 9)79   68. 1)50

57. 4)67   69. 1)74

58. 9)21   70. 1)27

59. 1)85   71. 9)51

60. 6)29   72. 8)92

CHAPTER 2
Divide The Numbers And Round To The Tenth Decimal

Name:_____

73. 3.0) 42

74. 6.0) 40

75. 7.0) 82

76. 3.0) 22

77. 6.0) 24

78. 6.0) 42

79. 4.0) 96

80. 2.0) 26

81. 2.0) 73

82. 3.0) 81

83. 9.0) 42

84. 3.0) 70

85. 2.0) 65

86. 5.0) 16

87. 7.0) 95

88. 7.0) 83

89. 6.0) 62

90. 3.0) 57

91. 4.0) 97

92. 3.0) 67

93. 7.0) 95

94. 8.0) 98

95. 2.0) 16

96. 2.0) 13

CHAPTER 2
Divide The Numbers And Round To The Tenth Decimal

Name:_____

97. 9)96   **109.** 2)20

92 1)54   **110.** 8)29

99. 5)54   **111.** 3)11

100. 1)22   **112.** 4)31

101. 6)18   **113.** 6)80

102. 6)48   **114.** 1)89

103. 5)75   **115.** 6)37

104. 2)32   **116.** 4)72

105. 5)41   **117.** 8)69

106. 7)47   **118.** 7)80

107. 7)95   **119.** 8)40

108. 1)27   **120.** 6)23

CHAPTER 2
Divide The Numbers And Round To The Tenth Decimal

Name:_____

121. 7.0⟌14

122. 6.0⟌32

123. 4.0⟌44

124. 4.0⟌64

125. 8.0⟌64

126. 1.0⟌39

127. 1.0⟌66

128. 5.0⟌42

129. 6.0⟌65

130. 7.0⟌21

131. 4.0⟌87

132. 3.0⟌42

133. 7.0⟌23

134. 1.0⟌20

135. 5.0⟌36

136. 3.0⟌92

137. 8.0⟌96

138. 2.0⟌41

139. 9.0⟌95

140. 2.0⟌40

141. 8.0⟌24

142. 3.0⟌21

143. 2.0⟌61

144. 9.0⟌91

CHAPTER 2
Divide The Numbers And Round To The Tenth Decimal

Name:_____

145. 1 ⟌ 35

146. 1 ⟌ 89

147. 4 ⟌ 63

148. 8 ⟌ 95

149. 7 ⟌ 58

150. 8 ⟌ 22

151. 8 ⟌ 43

152. 9 ⟌ 80

153. 6 ⟌ 79

154. 4 ⟌ 78

155. 6 ⟌ 65

156. 2 ⟌ 88

157. 5 ⟌ 25

158. 2 ⟌ 50

159. 9 ⟌ 54

160. 3 ⟌ 42

161. 1 ⟌ 16

162. 2 ⟌ 35

163. 7 ⟌ 97

164. 3 ⟌ 21

165. 1 ⟌ 11

166. 8 ⟌ 32

167. 2 ⟌ 92

168. 4 ⟌ 58

CHAPTER 2
Divide The Numbers And Round To The Tenth Decimal

Name:_____

169. 1.0 ⟌ 12

170. 2.0 ⟌ 44

171. 5.0 ⟌ 94

172. 4.0 ⟌ 28

173. 8.0 ⟌ 59

174. 9.0 ⟌ 85

175. 8.0 ⟌ 70

176. 9.0 ⟌ 41

177. 7.0 ⟌ 26

178. 2.0 ⟌ 67

179. 2.0 ⟌ 80

180. 4.0 ⟌ 43

181. 8.0 ⟌ 89

182. 9.0 ⟌ 31

183. 1.0 ⟌ 76

184. 7.0 ⟌ 86

185. 9.0 ⟌ 52

186. 4.0 ⟌ 89

187. 9.0 ⟌ 73

188. 5.0 ⟌ 78

189. 6.0 ⟌ 13

190. 9.0 ⟌ 17

191. 5.0 ⟌ 28

192. 7.0 ⟌ 56

CHAPTER 2

Name: _____

Divide The Numbers And Round To The Tenth Decimal

193. 6) 75 **205.** 2) 36

194. 2) 58 **206.** 9) 31

195. 7) 14 **207.** 2) 43

196. 1) 96 **208.** 7) 33

197. 8) 90 **209.** 8) 21

198. 1) 40 **210.** 8) 12

199. 5) 12 **211.** 6) 45

200. 2) 26 **212.** 6) 45

201. 3) 47 **213.** 7) 11

202. 6) 10 **214.** 1) 89

203. 6) 76 **215.** 6) 17

204. 3) 30 **216.** 8) 18

CHAPTER 2

Divide The Numbers And Round To The Tenth Decimal

Name:_____

217. 2.0 | 75

218. 5.0 | 30

219. 5.0 | 83

220. 2.0 | 23

221. 4.0 | 90

222. 7.0 | 19

223. 1.0 | 84

224. 1.0 | 58

225. 5.0 | 46

226. 4.0 | 35

227. 1.0 | 43

228. 4.0 | 13

229. 2.0 | 24

230. 7.0 | 80

231. 3.0 | 24

232. 3.0 | 73

233. 5.0 | 74

234. 9.0 | 30

235. 4.0 | 36

236. 6.0 | 27

237. 4.0 | 74

238. 2.0 | 41

239. 1.0 | 96

240. 6.0 | 69

EXAMPLES CHAPTER 3

Divide And Round To The Nearest Whole Number

1. 2)97 = 48.5   Answer: 49

2. 5)75 = 15.0   Answer: 15

3. 6)91 = 15.2   Answer: 15

4. 2)14 = 7.0   Answer: 7

5. 7)37 = 5.3   Answer: 5

6. 6)35 = 5.8   Answer: 6

7. 3)78 = 26.0   Answer: 26

8. 2)86 = 43.0   Answer: 43

9. 8)67 = 8.4   Answer: 8

10. 6)10 = 1.7   Answer: 2

11. 6)34 = 5.7   Answer: 6

To get your remainder as a decimal, place a decimal after your dividend (you may need to keep adding zero's after the decimal to solve) and keep dividing until you have solve the problem.

EXAMPLE:

```
       4.5
   6) 27. 0
    - 24
       3 0
     - 3 0
         0
```

Answer: 5

CHAPTER 3 PROGRESS   Name:_____

(*Graph how many minutes it took you to complete each page)
***use color pencils or color markers to graph your progress.**

Number of minutes to complete each page										
Page Number	page 35	page 36	page 37	page 38	page 39	page 40	page 41	page 42	page 43	page 44

CHAPTER 3
Divide And Round To The Nearest Whole Number

Name: _____

1. 9)75

2. 4)95

3. 8)88

4. 8)55

5. 7)93

6. 4)47

7. 8)28

8. 9)42

9. 2)57

10. 7)37

11. 6)84

12. 5)83

13. 7)25

14. 6)20

15. 8)14

16. 1)57

17. 5)12

18. 5)94

19. 5)45

20. 8)69

21. 8)78

22. 7)43

23. 5)47

24. 2)30

CHAPTER 3
Divide And Round To The Nearest Whole Number

Name: _____

25. 5)93   37. 1)50

26. 9)25   38. 4)42

27. 6)72   39. 4)82

28. 9)15   40. 6)79

29. 8)22   41. 7)43

30. 4)14   42. 2)27

31. 5)39   43. 2)97

32. 9)63   44. 5)96

33. 7)78   45. 8)44

34. 5)34   46. 8)43

35. 4)67   47. 8)91

36. 6)59   48. 7)21

CHAPTER 3
Divide And Round To The Nearest Whole Number

Name: _____

49. 1⟌27   61. 2⟌63

50. 9⟌77   62. 7⟌40

51. 8⟌22   63. 4⟌28

52. 8⟌80   64. 3⟌95

53. 1⟌64   65. 8⟌28

54. 7⟌83   66. 3⟌35

55. 6⟌47   67. 8⟌94

56. 8⟌73   68. 7⟌35

57. 4⟌56   69. 8⟌67

58. 1⟌91   70. 3⟌70

59. 7⟌72   71. 3⟌70

60. 8⟌58   72. 3⟌53

CHAPTER 3
Divide And Round To The Nearest Whole Number

Name:_____

73. 3 | 31   **85.** 9 | 19

74. 3 | 86   **86.** 9 | 23

75. 8 | 29   **87.** 3 | 79

76. 8 | 35   **88.** 6 | 56

77. 9 | 46   **89.** 8 | 26

78. 3 | 38   **90.** 6 | 93

79. 6 | 52   **91.** 8 | 65

80. 5 | 19   **92.** 5 | 30

81. 3 | 62   **93.** 3 | 77

82. 9 | 37   **94.** 1 | 76

83. 5 | 38   **95.** 1 | 87

84. 4 | 77   **96.** 9 | 97

CHAPTER 3
Divide And Round To The Nearest Whole Number

Name: _____

97.   9)52   109.   9)84

92.   4)46   110.   7)79

99.   7)80   111.   3)89

100. 6)52   112.   9)64

101. 9)97   113.   5)37

102. 8)63   114.   3)69

103. 9)31   115.   4)56

104. 2)29   116.   2)89

105. 4)78   117.   6)88

106. 7)66   118.   4)24

107. 1)33   119.   2)28

108. 1)66   120.   9)64

CHAPTER 3
Divide And Round To The Nearest Whole Number

Name:_____

121. 2 | 12   133. 3 | 58

122. 3 | 12   134. 7 | 28

123. 1 | 57   135. 7 | 29

124. 5 | 67   136. 6 | 52

125. 8 | 67   137. 8 | 79

126. 9 | 80   138. 4 | 59

127. 9 | 34   139. 5 | 28

128. 5 | 58   140. 9 | 88

129. 6 | 27   141. 5 | 65

130. 6 | 97   142. 2 | 57

131. 6 | 86   143. 2 | 65

132. 1 | 98   144. 6 | 18

CHAPTER 3
Divide And Round To The Nearest Whole Number

Name: _____

145. 6)79

146. 8)86

147. 9)10

148. 8)15

149. 1)50

150. 1)69

151. 1)43

152. 7)14

153. 8)85

154. 3)49

155. 4)18

156. 7)99

157. 9)72

158. 4)20

159. 8)66

160. 9)38

161. 9)48

162. 4)46

163. 4)32

164. 5)65

165. 9)28

166. 5)14

167. 9)73

168. 9)23

CHAPTER 3
Divide And Round To The Nearest Whole Number

Name: _____

169. 7)13

170. 7)13

171. 1)16

172. 3)11

173. 4)64

174. 2)71

175. 8)86

176. 4)24

177. 1)53

178. 4)61

179. 1)87

180. 5)29

181. 6)30

182. 9)91

183. 1)18

184. 7)51

185. 3)37

186. 6)92

187. 2)32

188. 5)18

189. 5)88

190. 2)34

191. 5)38

192. 3)29

CHAPTER 3
Divide And Round To The Nearest Whole Number

Name: _____

193. 6)19   **205.** 6)57

194. 1)75   **206.** 9)25

195. 2)21   **207.** 7)78

196. 4)71   **208.** 2)87

197. 6)64   **209.** 3)34

198. 7)80   **210.** 7)32

199. 7)98   **211.** 8)24

200. 1)21   **212.** 7)11

201. 9)50   **213.** 9)13

202. 5)94   **214.** 6)32

203. 9)99   **215.** 7)12

204. 2)92   **216.** 5)17

CHAPTER 3
Divide And Round To The Nearest Whole Number

Name: _____

217. 1)‾90‾

218. 2)‾27‾

219. 2)‾27‾

220. 6)‾80‾

221. 9)‾90‾

222. 1)‾91‾

223. 9)‾73‾

224. 5)‾33‾

225. 3)‾50‾

226. 3)‾85‾

227. 7)‾16‾

228. 4)‾54‾

229. 9)‾62‾

230. 1)‾48‾

231. 7)‾36‾

232. 9)‾78‾

233. 8)‾82‾

234. 7)‾58‾

235. 2)‾45‾

236. 6)‾11‾

237. 3)‾27‾

238. 7)‾51‾

239. 6)‾42‾

240. 7)‾96‾

EXAMPLES CHAPTER 4

Divide And Round To The Tenth Decimal Place

1. $1\overline{)75}$ = 75.0   Answer: 75.0

2. $5\overline{)72}$ = 14.4   Answer: 14.4

3. $5\overline{)26}$ = 5.2   Answer: 5.2

4. $5\overline{)14}$ = 2.8   Answer: 2.8

5. $3\overline{)31}$ = 10.3   Answer: 10.3

6. $5\overline{)13}$ = 2.6   Answer: 2.6

7. $7\overline{)67}$ = 9.6   Answer: 9.6

8. $5\overline{)59}$ = 11.8   Answer: 11.8

9. $3\overline{)19}$ = 6.3   Answer: 6.3

10. $9\overline{)60}$ = 6.7   Answer: 6.7

11. $9\overline{)45}$ = 5.0   Answer: 5.0

To get your remainder as a decimal, place a decimal after your dividend (you may need to keep adding zero's after the decimal to solve) and keep dividing until you have solve the problem.

EXAMPLE:

$$\begin{array}{r} 7.5 \\ 4\overline{)30.0} \\ -\underline{28} \\ 2\,0 \\ -\underline{2\,0} \\ 0 \end{array}$$

Answer: 8

CHAPTER 4 PROGRESS Name: _____

(*Graph how many minutes it took you to complete each page)
*use color pencils or color markers to graph your progress.

Number of minutes to complete each page (y-axis: 1–10)

Page Number	page 47	page 48	page 49	page 50	page 51	page 52	page 53	page 54	page 55	page 56

CHAPTER 4
Divide And Round To The Tenth Decimal Place

Name:_____

1. 7⟌47

2. 1⟌21

3. 9⟌82

4. 8⟌41

5. 7⟌16

6. 9⟌33

7. 8⟌75

8. 1⟌74

9. 3⟌50

10. 9⟌55

11. 4⟌51

12. 6⟌42

13. 7⟌56

14. 8⟌41

15. 6⟌85

16. 9⟌23

17. 6⟌66

18. 2⟌66

19. 8⟌48

20. 1⟌48

21. 2⟌71

22. 9⟌93

23. 5⟌21

24. 4⟌49

CHAPTER 4
Divide And Round To The Tenth Decimal Place

Name:_____

25. 5)25

26. 5)96

27. 5)84

28. 9)43

29. 1)82

30. 1)27

31. 9)57

32. 4)94

33. 5)77

34. 3)59

35. 4)21

36. 8)69

37. 1)85

38. 2)33

39. 6)90

40. 1)11

41. 5)88

42. 1)85

43. 3)17

44. 2)43

45. 4)76

46. 7)85

47. 6)65

48. 6)33

CHAPTER 4
Divide And Round To The Tenth Decimal Place

Name:_____

49. 8)55   61. 3)45

50. 5)36   62. 1)96

51. 8)59   63. 8)98

52. 9)58   64. 2)23

53. 7)10   65. 9)53

54. 5)74   66. 1)98

55. 6)64   67. 6)28

56. 5)72   68. 1)97

57. 5)31   69. 6)44

58. 4)60   70. 5)67

59. 2)51   71. 8)12

60. 7)86   72. 7)12

CHAPTER 4
Divide And Round To The Tenth Decimal Place

Name:_____

73. 6)̄11   85. 2)̄18

74. 9)̄36   86. 4)̄59

75. 5)̄99   87. 3)̄50

76. 7)̄67   88. 5)̄94

77. 1)̄67   89. 6)̄58

78. 5)̄29   90. 8)̄36

79. 8)̄59   91. 6)̄77

80. 8)̄49   92. 3)̄79

81. 9)̄90   93. 9)̄86

82. 5)̄24   94. 4)̄34

83. 9)̄29   95. 8)̄49

84. 9)̄61   96. 5)̄27

CHAPTER 4
Divide And Round To The Tenth Decimal Place

Name: _____

97. 5)63

92 2)56

99. 7)69

100. 6)90

101. 5)39

102. 3)20

103. 3)46

104. 4)37

105. 3)72

106. 6)36

107. 9)99

108. 3)21

109. 1)13

110. 7)24

111. 2)76

112. 7)97

113. 2)40

114. 2)57

115. 4)56

116. 2)74

117. 5)20

118. 8)31

119. 6)13

120. 4)86

CHAPTER 4
Divide And Round To The Tenth Decimal Place

121. 1 ⟌ 78

122. 2 ⟌ 90

123. 1 ⟌ 56

124. 1 ⟌ 47

125. 4 ⟌ 70

126. 2 ⟌ 46

127. 2 ⟌ 81

128. 4 ⟌ 47

129. 3 ⟌ 32

130. 1 ⟌ 95

131. 3 ⟌ 71

132. 1 ⟌ 83

133. 3 ⟌ 51

134. 5 ⟌ 80

135. 6 ⟌ 44

136. 2 ⟌ 82

137. 1 ⟌ 88

138. 2 ⟌ 99

139. 7 ⟌ 94

140. 4 ⟌ 17

141. 6 ⟌ 19

142. 6 ⟌ 53

143. 8 ⟌ 72

144. 9 ⟌ 26

CHAPTER 4
Divide And Round To The Tenth Decimal Place

Name:_____

145. 3)30

146. 9)41

147. 8)57

148. 4)66

149. 4)39

150. 2)90

151. 6)74

152. 8)54

153. 4)61

154. 5)92

155. 2)25

156. 7)21

157. 6)47

158. 4)90

159. 6)91

160. 7)25

161. 9)49

162. 3)46

163. 5)52

164. 1)35

165. 5)13

166. 6)98

167. 9)43

168. 7)30

CHAPTER 4

Divide And Round To The Tenth Decimal Place

Name:_____

169. 6)16

170. 6)35

171. 3)29

172. 6)75

173. 3)97

174. 2)10

175. 1)10

176. 4)56

177. 8)76

178. 9)48

179. 3)35

180. 6)76

181. 4)59

182. 2)30

183. 2)63

184. 3)90

185. 5)11

186. 7)52

187. 9)48

188. 9)27

189. 8)48

190. 7)17

191. 8)12

192. 3)27

CHAPTER 4
Divide And Round To The Tenth Decimal Place

Name: _____

193. 9)‾40‾

194. 3)‾53‾

195. 1)‾15‾

196. 2)‾43‾

197. 1)‾30‾

198. 4)‾77‾

199. 5)‾65‾

200. 3)‾61‾

201. 9)‾43‾

202. 6)‾41‾

203. 9)‾87‾

204. 1)‾26‾

205. 2)‾32‾

206. 7)‾91‾

207. 7)‾94‾

208. 7)‾55‾

209. 8)‾27‾

210. 9)‾98‾

211. 6)‾59‾

212. 4)‾82‾

213. 1)‾45‾

214. 9)‾55‾

215. 8)‾52‾

216. 6)‾37‾

CHAPTER 4
Divide And Round To The Tenth Decimal Place

Name:_____

217.　5)̄71̄　　　　229.　7)̄55̄

218.　3)̄20̄　　　　230.　8)̄51̄

219.　1)̄46̄　　　　231.　5)̄35̄

220.　7)̄65̄　　　　232.　5)̄53̄

221.　8)̄51̄　　　　233.　6)̄96̄

222.　1)̄69̄　　　　234.　9)̄19̄

223.　2)̄99̄　　　　235.　4)̄21̄

224.　8)̄18̄　　　　236.　5)̄81̄

225.　5)̄85̄　　　　237.　6)̄86̄

226.　5)̄24̄　　　　238.　9)̄86̄

227.　7)̄66̄　　　　239.　2)̄53̄

228.　7)̄56̄　　　　240.　7)̄14̄

EXAMPLES CHAPTER 5

Divide And Round To The Hundredth Decimal Place

1. 6) 84 = 14.000   Answer: 14.00

2. 6) 42 = 7.000   Answer: 7.00

3. 3) 33 = 11.000   Answer: 11.00

4. 2) 41 = 20.500   Answer: 20.50

5. 6) 56 = 9.333   Answer: 9.33

6. 7) 17 = 2.429   Answer: 2.43

7. 7) 64 = 9.143   Answer: 9.14

8. 3) 34 = 11.333   Answer: 11.33

9. 3) 15 = 5.000   Answer: 5.00

10. 3) 20 = 6.667   Answer: 6.67

11. 7) 44 = 6.286   Answer: 6.29

To get your remainder as a decimal, place a decimal after your dividend (you may need to keep adding zero's after the decimal to solve) and keep dividing until you have solve the problem.

EXAMPLE:

```
        6.25
16 ) 100.00
      - 96
         4 0
       - 3 2
            8 0
          - 8 0
               0
```
Answer: 6.25

CHAPTER 5 PROGRESS Name: _____

(*Graph how many minutes it took you to complete each page)
*use color pencils or color markers to graph your progress.

Number of minutes to complete each page											
Page Number	page 59	page 60	page 61	page 62	page 63	page 64	page 65	page 66	page 67	page 68

CHAPTER 5
Divide And Round To The Hundredth Decimal Place

Name:_____

1. 5)80

2. 1)40

3. 4)62

4. 2)52

5. 4)71

6. 2)19

7. 5)97

8. 9)29

9. 5)13

10. 9)61

11. 7)54

12. 4)63

13. 6)15

14. 6)28

15. 1)80

16. 2)32

17. 3)11

18. 9)87

19. 6)81

20. 1)53

21. 6)98

22. 2)38

23. 1)48

24. 2)26

CHAPTER 5
Divide And Round To The Hundredth Decimal Place Name:_____

25. 7)51   37. 3)17

26. 1)28   38. 5)60

27. 8)42   39. 9)39

28. 1)65   40. 4)51

29. 9)70   41. 6)86

30. 3)10   42. 5)80

31. 2)70   43. 6)83

32. 7)35   44. 5)94

33. 1)94   45. 2)89

34. 9)90   46. 5)72

35. 7)82   47. 8)83

36. 3)11   48. 8)66

CHAPTER 5
Divide And Round To The Hundredth Decimal Place

Name:_____

49. 8)66

50. 4)11

51. 7)12

52. 3)19

53. 7)72

54. 3)58

55. 3)17

56. 8)49

57. 3)11

58. 9)33

59. 9)89

60. 9)62

61. 7)16

62. 4)82

63. 7)79

64. 9)50

65. 5)89

66. 8)19

67. 6)30

68. 9)12

69. 6)62

70. 3)31

71. 7)92

72. 4)44

CHAPTER 5
Divide And Round To The Hundredth Decimal Place

Name:_____

73. 3)39

74. 8)59

75. 6)55

76. 9)19

77. 9)86

78. 1)26

79. 4)37

80. 8)57

81. 9)97

82. 9)37

83. 7)15

84. 6)18

85. 9)42

86. 1)59

87. 9)42

88. 9)78

89. 7)30

90. 4)29

91. 4)73

92. 6)34

93. 9)55

94. 2)89

95. 2)88

96. 2)94

CHAPTER 5
Divide And Round To The Hundredth Decimal Place   Name:_____

97.   2) 78   **109.**   7) 36

92   3) 17   **110.**   3) 39

99.   4) 84   **111.**   6) 13

100.   3) 71   **112.**   7) 14

101.   6) 40   **113.**   2) 30

102.   7) 10   **114.**   6) 24

103.   9) 16   **115.**   3) 25

104.   9) 75   **116.**   8) 74

105.   1) 32   **117.**   3) 48

106.   6) 61   **118.**   9) 96

107.   1) 90   **119.**   1) 22

108.   2) 27   **120.**   4) 95

CHAPTER 5
Divide And Round To The Hundredth Decimal Place

Name:_____

121. 8)29   **133.** 4)49

122. 2)75   **134.** 4)69

123. 4)67   **135.** 2)13

124. 8)47   **136.** 7)10

125. 4)79   **137.** 1)45

126. 3)95   **138.** 7)77

127. 8)32   **139.** 6)15

128. 8)47   **140.** 7)39

129. 5)48   **141.** 4)71

130. 8)12   **142.** 2)70

131. 5)44   **143.** 8)50

132. 3)84   **144.** 9)79

CHAPTER 5
Divide And Round To The Hundredth Decimal Place

Name:_____

145. 5)30

146. 1)45

147. 4)16

148. 3)88

149. 1)21

150. 9)57

151. 2)50

152. 9)23

153. 1)20

154. 9)12

155. 2)70

156. 9)32

157. 1)95

158. 3)46

159. 5)76

160. 9)98

161. 8)26

162. 3)11

163. 1)41

164. 1)44

165. 9)45

166. 2)92

167. 3)73

168. 6)77

CHAPTER 5
Divide And Round To The Hundredth Decimal Place

Name:_____

169. 9)31

170. 8)30

171. 5)96

172. 5)83

173. 5)20

174. 8)53

175. 1)10

176. 6)65

177. 5)14

178. 7)90

179. 9)26

180. 4)28

181. 9)41

182. 8)26

183. 1)76

184. 3)84

185. 1)60

186. 5)59

187. 1)49

188. 1)91

189. 4)71

190. 6)46

191. 5)73

192. 6)45

CHAPTER 5
Divide And Round To The Hundredth Decimal Place   Name:_____

193. 7⟌78

194. 5⟌20

195. 1⟌59

196. 4⟌48

197. 2⟌71

198. 8⟌55

199. 4⟌85

200. 5⟌87

201. 6⟌74

202. 5⟌29

203. 6⟌68

204. 1⟌41

205. 1⟌35

206. 1⟌49

207. 4⟌94

208. 2⟌85

209. 8⟌84

210. 3⟌30

211. 8⟌74

212. 7⟌43

213. 6⟌82

214. 7⟌78

215. 6⟌11

216. 4⟌20

CHAPTER 5
Divide And Round To The Hundredth Decimal Place

Name:_____

217. 8)̄37   229. 6)̄29

218. 6)̄16   230. 3)̄58

219. 9)̄96   231. 5)̄47

220. 1)̄99   232. 4)̄31

221. 2)̄55   233. 6)̄62

222. 8)̄47   234. 6)̄61

223. 3)̄88   235. 6)̄61

224. 5)̄39   236. 6)̄35

225. 8)̄28   237. 4)̄16

226. 3)̄82   238. 4)̄69

227. 9)̄73   239. 3)̄18

228. 1)̄45   240. 6)̄60

EXAMPLES   CHAPTER 6

Horizontal Division Using Single Digit Numbers And Ten
(write the answers as fractions, mixed numbers or whole numbers)

1.   8 ÷ 6 = 1 1/3   7.   2 ÷ 4 = 1/2

2.   9 ÷ 1 = 9   8.   1 ÷ 1 = 1

3.   10 ÷ 7 = 1 3/7   9.   8 ÷ 1 = 8

4.   3 ÷ 8 = 3/8   10.   1 ÷ 6 = 1/6

5.   10 ÷ 8 = 1 1/4   11.   1 ÷ 1 = 1

6.   6 ÷ 3 = 2   12.   3 ÷ 7 = 3/7

To get your remainder as a fraction, place the number you are dividing (dividend) over the number you are dividing by (divisor) and reduced the fraction to lowest terms.

EXAMPLE: $9 \div 4 = \dfrac{9}{4} = 2\ r\ 1$

Therefore, $2\dfrac{1}{4}$

* Note: The remainder is the decimal or fraction. Therefore, write your remainder as a fraction.

CHAPTER 6 PROGRESS Name: _____

(*Graph how many minutes it took you to complete each page)
*use color pencils or color markers to graph your progress.

Y-axis: Number of minutes to complete each page (1–10)

Page Number	page 71	page 72	page 73	page 74	page 75	page 76	page 77	page 78	page 79	page 80

CHAPTER 6   Name:_____
Horizontal Division Using Single Digit Numbers And Ten
(write the answers as fractions, mixed numbers or whole numbers)

1. 6 ÷ 5 =

2. 8 ÷ 7 =

3. 5 ÷ 4 =

4. 5 ÷ 1 =

5. 3 ÷ 9 =

6. 3 ÷ 5 =

7. 3 ÷ 6 =

8. 4 ÷ 7 =

9. 4 ÷ 8 =

10. 6 ÷ 9 =

11. 5 ÷ 3 =

12. 3 ÷ 5 =

13. 7 ÷ 10 =

14. 3 ÷ 6 =

15. 4 ÷ 1 =

16. 10 ÷ 9 =

17. 6 ÷ 3 =

18. 1 ÷ 8 =

19. 10 ÷ 7 =

20. 5 ÷ 6 =

21. 3 ÷ 6 =

22. 8 ÷ 2 =

23. 5 ÷ 8 =

24. 8 ÷ 8 =

* Note: The remainder is the decimal or fraction. Therefore, write your remainder as a fraction.

CHAPTER 6   Name:_____
Horizontal Division Using Single Digit Numbers And Ten
(write the answers as fractions, mixed numbers or whole numbers)

25. 2 ÷ 8 =   **37.** 1 ÷ 10 =

26. 7 ÷ 1 =   **38.** 6 ÷ 4 =

27. 3 ÷ 3 =   **39.** 7 ÷ 3 =

28. 4 ÷ 10 =   **40.** 3 ÷ 6 =

29. 8 ÷ 10 =   **41.** 5 ÷ 4 =

30. 8 ÷ 10 =   **42.** 10 ÷ 7 =

31. 7 ÷ 8 =   **43.** 3 ÷ 5 =

32. 7 ÷ 10 =   **44.** 3 ÷ 7 =

33. 5 ÷ 7 =   **45.** 9 ÷ 8 =

34. 9 ÷ 3 =   **46.** 2 ÷ 10 =

35. 8 ÷ 7 =   **47.** 8 ÷ 9 =

36. 10 ÷ 3 =   **48.** 3 ÷ 5 =

* Note: The remainder is the decimal or fraction. Therefore, write your remainder as a fraction.

CHAPTER 6

Name:_____

Horizontal Division Using Single Digits And Ten
(write the answers as fractions, mixed numbers or whole numbers)

49. 4 ÷ 8 =   **61.** 2 ÷ 6 =

50. 4 ÷ 2 =   **62.** 1 ÷ 3 =

51. 9 ÷ 3 =   **63.** 5 ÷ 4 =

52. 10 ÷ 2 =   **64.** 8 ÷ 7 =

53. 2 ÷ 3 =   **65.** 3 ÷ 2 =

54. 9 ÷ 8 =   **66.** 2 ÷ 9 =

55. 4 ÷ 1 =   **67.** 8 ÷ 7 =

56. 10 ÷ 4 =   **68.** 4 ÷ 4 =

57. 1 ÷ 10 =   **69.** 9 ÷ 5 =

58. 7 ÷ 9 =   **70.** 1 ÷ 2 =

59. 7 ÷ 4 =   **71.** 5 ÷ 6 =

60. 6 ÷ 2 =   **72.** 1 ÷ 2 =

* Note: The remainder is the decimal or fraction. Therefore, write your remainder as a fraction.

CHAPTER 6   Name:_____
Horizontal Division Using Single Digits And Ten
(write the answers as fractions, mixed numbers or whole numbers)

73.   7 ÷ 3 =   **85.**   5 ÷ 3 =

74.   9 ÷ 4 =   **86.**   3 ÷ 3 =

75.   2 ÷ 5 =   **87.**   5 ÷ 5 =

76.   9 ÷ 2 =   **88.**   8 ÷ 10 =

77.   6 ÷ 9 =   **89.**   1 ÷ 4 =

78.   8 ÷ 3 =   **90.**   7 ÷ 8 =

79.   2 ÷ 4 =   **91.**   6 ÷ 9 =

80.   1 ÷ 4 =   **92.**   9 ÷ 8 =

81.   1 ÷ 4 =   **93.**   3 ÷ 9 =

82.   10 ÷ 6 =   **94.**   7 ÷ 2 =

83.   10 ÷ 8 =   **95.**   8 ÷ 3 =

84.   5 ÷ 9 =   **96.**   10 ÷ 5 =

* Note: The remainder is the decimal or fraction. Therefore, write your remainder as a fraction.

CHAPTER 6   Name:_____
Horizontal Division Using Single Digits And Ten
(write the answers as fractions, mixed numbers or whole numbers)

97. 6 ÷ 2 =   **109.** 7 ÷ 5 =

98. 5 ÷ 9 =   **110.** 5 ÷ 4 =

99. 9 ÷ 6 =   **111.** 4 ÷ 6 =

100. 8 ÷ 5 =   **112.** 6 ÷ 8 =

101. 3 ÷ 4 =   **113.** 9 ÷ 2 =

102. 8 ÷ 9 =   **114.** 6 ÷ 7 =

103. 7 ÷ 6 =   **115.** 7 ÷ 3 =

104. 8 ÷ 10 =   **116.** 5 ÷ 4 =

105. 1 ÷ 10 =   **117.** 3 ÷ 1 =

106. 2 ÷ 6 =   **118.** 6 ÷ 10 =

107. 3 ÷ 4 =   **119.** 1 ÷ 10 =

108. 4 ÷ 1 =   **120.** 7 ÷ 2 =

* Note: The remainder is the decimal or fraction. Therefore, write your remainder as a fraction.

CHAPTER 6

Name: _____

Horizontal Division Using Single Digits And Ten
(write the answers as fractions, mixed numbers or whole numbers)

121. 7 ÷ 10 =   **133.** 2 ÷ 1 =

122. 3 ÷ 3 =   **134.** 10 ÷ 6 =

123. 8 ÷ 1 =   **135.** 7 ÷ 1 =

124. 3 ÷ 3 =   **136.** 10 ÷ 7 =

125. 7 ÷ 7 =   **137.** 8 ÷ 10 =

126. 10 ÷ 10 =   **138.** 2 ÷ 10 =

127. 8 ÷ 3 =   **139.** 3 ÷ 7 =

128. 1 ÷ 7 =   **140.** 2 ÷ 2 =

129. 4 ÷ 9 =   **141.** 1 ÷ 9 =

130. 2 ÷ 4 =   **142.** 3 ÷ 6 =

131. 9 ÷ 1 =   **143.** 5 ÷ 3 =

132. 9 ÷ 4 =   **144.** 10 ÷ 7 =

* Note: The remainder is the decimal or fraction. Therefore, write your remainder as a fraction.

CHAPTER 6

Name:_____

Horizontal Division Using Single Digits And Ten
(write the answers as fractions, mixed numbers or whole numbers)

145. 3 ÷ 5 =

146. 5 ÷ 4 =

147. 3 ÷ 1 =

148. 6 ÷ 9 =

149. 4 ÷ 9 =

150. 7 ÷ 10 =

151. 2 ÷ 3 =

152. 4 ÷ 8 =

153. 8 ÷ 1 =

154. 7 ÷ 2 =

155. 8 ÷ 10 =

156. 7 ÷ 10 =

157. 10 ÷ 3 =

158. 1 ÷ 6 =

159. 10 ÷ 5 =

160. 10 ÷ 2 =

161. 3 ÷ 2 =

162. 10 ÷ 9 =

163. 3 ÷ 10 =

164. 5 ÷ 5 =

165. 3 ÷ 10 =

166. 9 ÷ 10 =

167. 1 ÷ 8 =

168. 6 ÷ 2 =

* Note: The remainder is the decimal or fraction. Therefore, write your remainder as a fraction.

CHAPTER 6

Name: _____

Horizontal Division Using Single Digits And Ten
(write the answers as fractions, mixed numbers or whole numbers)

169. 8 ÷ 3 =

170. 2 ÷ 7 =

171. 2 ÷ 2 =

172. 4 ÷ 8 =

173. 7 ÷ 3 =

174. 5 ÷ 2 =

175. 5 ÷ 9 =

176. 2 ÷ 5 =

177. 2 ÷ 10 =

178. 8 ÷ 10 =

179. 1 ÷ 4 =

180. 1 ÷ 3 =

181. 4 ÷ 8 =

182. 10 ÷ 3 =

183. 2 ÷ 2 =

184. 9 ÷ 5 =

185. 5 ÷ 5 =

186. 7 ÷ 6 =

187. 7 ÷ 5 =

188. 10 ÷ 8 =

189. 3 ÷ 4 =

190. 1 ÷ 3 =

191. 10 ÷ 1 =

192. 1 ÷ 7 =

* Note: The remainder is the decimal or fraction. Therefore, write your remainder as a fraction.

CHAPTER 6

Name:_____

Horizontal Division Using Single Digits And Ten
(write the answers as fractions, mixed numbers or whole numbers)

193. 1 ÷ 2 =

194. 9 ÷ 8 =

195. 9 ÷ 7 =

196. 10 ÷ 6 =

197. 9 ÷ 8 =

198. 8 ÷ 2 =

199. 3 ÷ 4 =

200. 9 ÷ 9 =

201. 7 ÷ 8 =

202. 9 ÷ 1 =

203. 6 ÷ 1 =

204. 3 ÷ 9 =

205. 9 ÷ 2 =

206. 5 ÷ 1 =

207. 2 ÷ 5 =

208. 7 ÷ 2 =

209. 10 ÷ 10 =

210. 6 ÷ 1 =

211. 8 ÷ 3 =

212. 9 ÷ 3 =

213. 3 ÷ 6 =

214. 5 ÷ 4 =

215. 8 ÷ 6 =

216. 6 ÷ 3 =

* Note: The remainder is the decimal or fraction. Therefore, write your remainder as a fraction.

CHAPTER 6   Name:_____
Horizontal Division Using Single Digits And Ten
(write the answers as fractions, mixed numbers or whole numbers)

217.   2 ÷ 5 =   **229.**   5 ÷ 7 =

218.   5 ÷ 5 =   **230.**   4 ÷ 8 =

219.   5 ÷ 1 =   **231.**   6 ÷ 6 =

220.   7 ÷ 6 =   **232.**   9 ÷ 4 =

221.   8 ÷ 3 =   **233.**   4 ÷ 7 =

222.   9 ÷ 8 =   **234.**   8 ÷ 7 =

223.   1 ÷ 9 =   **235.**   9 ÷ 5 =

224.   8 ÷ 3 =   **236.**   4 ÷ 9 =

225.   2 ÷ 7 =   **237.**   2 ÷ 10 =

226.   9 ÷ 5 =   **238.**   4 ÷ 7 =

227.   9 ÷ 1 =   **239.**   5 ÷ 7 =

228.   9 ÷ 6 =   **240.**   8 ÷ 6 =

* Note: The remainder is the decimal or fraction. Therefore, write your remainder as a fraction.

EXAMPLES　　　　　　　　　　CHAPTER 7

Horizontal Division Using Two Digit Numbers
(write the answers as fractions, mixed numbers or whole numbers)

1. 25 ÷ 45 = 5/9
2. 63 ÷ 42 = 1 1/2
3. 26 ÷ 37 = 26/37
4. 38 ÷ 68 = 19/34
5. 61 ÷ 94 = 61/94
6. 70 ÷ 44 = 1 13/22
7. 83 ÷ 54 = 1 29/54
8. 32 ÷ 32 = 1
9. 14 ÷ 5 = 2 4/5
10. 49 ÷ 62 = 49/62
11. 23 ÷ 72 = 23/72
12. 51 ÷ 94 = 51/94

To get your remainder as a fraction, place the number you are dividing (dividend) over the number you are dividing by (divisor) and reduced the fraction to lowest terms.

EXAMPLE:　　$9 \div 2 = \dfrac{9}{2} = 4 \text{ r } 1$

Therefore,　$4 \dfrac{1}{2}$

* Note: The remainder is the decimal or fraction. Therefore, write your remainder as a fraction.

CHAPTER 7 PROGRESS Name: _____

(*Graph how many minutes it took you to complete each page)
*use color pencils or color markers to graph your progress.

Number of minutes to complete each page (y-axis: 2, 4, 6, 8, 10, 12, 14, 16, 18, 20)

Page Number	page 83	page 84	page 85	page 86	page 87	page 88	page 89	page 90	page 91	page 92

CHAPTER 7

Name: _____

Horizontal Division Using Two Digit Numbers
(write the answers as fractions, mixed numbers or whole numbers)

1. 74 ÷ 71 =
2. 63 ÷ 46 =
3. 74 ÷ 38 =
4. 54 ÷ 11 =
5. 83 ÷ 72 =
6. 21 ÷ 1 =
7. 19 ÷ 25 =
8. 42 ÷ 75 =
9. 98 ÷ 20 =
10. 4 ÷ 81 =
11. 97 ÷ 19 =
12. 94 ÷ 16 =
13. 66 ÷ 99 =
14. 17 ÷ 20 =
15. 61 ÷ 66 =
16. 90 ÷ 55 =
17. 90 ÷ 89 =
18. 83 ÷ 71 =
19. 84 ÷ 56 =
20. 66 ÷ 65 =
21. 76 ÷ 55 =
22. 78 ÷ 51 =
23. 50 ÷ 14 =
24. 79 ÷ 86 =

* Note: The remainder is the decimal or fraction. Therefore, write your remainder as a fraction.

CHAPTER 7   Name:_____

Horizontal Division Using Two Digit Numbers
(write the answers as fractions, mixed numbers or whole numbers)

25. 20 ÷ 29 =   **37.** 73 ÷ 20 =

26. 8 ÷ 45 =   **38.** 92 ÷ 17 =

27. 97 ÷ 42 =   **39.** 32 ÷ 78 =

28. 52 ÷ 95 =   **40.** 38 ÷ 84 =

29. 76 ÷ 81 =   **41.** 83 ÷ 66 =

30. 20 ÷ 79 =   **42.** 71 ÷ 46 =

31. 28 ÷ 55 =   **43.** 80 ÷ 33 =

32. 80 ÷ 89 =   **44.** 51 ÷ 92 =

33. 25 ÷ 38 =   **45.** 25 ÷ 39 =

34. 58 ÷ 69 =   **46.** 60 ÷ 65 =

35. 66 ÷ 16 =   **47.** 44 ÷ 20 =

36. 29 ÷ 35 =   **48.** 3 ÷ 20 =

* Note: The remainder is the decimal or fraction. Therefore, write your remainder as a fraction.

CHAPTER 7

Name:_____

Horizontal Division Using Two Digits
(write the answers as fractions, mixed numbers or whole numbers)

49. 70 ÷ 96 =

50. 58 ÷ 91 =

51. 41 ÷ 71 =

52. 62 ÷ 7 =

53. 59 ÷ 61 =

54. 26 ÷ 9 =

55. 54 ÷ 41 =

56. 88 ÷ 67 =

57. 38 ÷ 91 =

58. 86 ÷ 68 =

59. 22 ÷ 88 =

60. 72 ÷ 91 =

61. 4 ÷ 57 =

62. 12 ÷ 73 =

63. 30 ÷ 23 =

64. 47 ÷ 82 =

65. 50 ÷ 42 =

66. 2 ÷ 99 =

67. 24 ÷ 86 =

68. 32 ÷ 38 =

69. 27 ÷ 28 =

70. 38 ÷ 69 =

71. 25 ÷ 75 =

72. 19 ÷ 48 =

* Note: The remainder is the decimal or fraction. Therefore, write your remainder as a fraction.

CHAPTER 7

Name:_____

Horizontal Division Using Two Digits
(write the answers as fractions, mixed numbers or whole numbers)

73.   84 ÷ 3 =   **85.**   31 ÷ 96 =

74.   7 ÷ 99 =   **86.**   21 ÷ 94 =

75.   78 ÷ 64 =   **87.**   43 ÷ 86 =

76.   30 ÷ 35 =   **88.**   37 ÷ 59 =

77.   1 ÷ 52 =   **89.**   13 ÷ 66 =

78.   9 ÷ 40 =   **90.**   83 ÷ 39 =

79.   29 ÷ 34 =   **91.**   30 ÷ 38 =

80.   70 ÷ 20 =   **92.**   92 ÷ 36 =

81.   8 ÷ 5 =   **93.**   7 ÷ 29 =

82.   93 ÷ 19 =   **94.**   99 ÷ 53 =

83.   22 ÷ 39 =   **95.**   6 ÷ 53 =

84.   51 ÷ 94 =   **96.**   44 ÷ 60 =

* Note: The remainder is the decimal or fraction. Therefore, write your remainder as a fraction.

CHAPTER 7

Name:_____

Horizontal Division Using Two Digits
(write the answers as fractions, mixed numbers or whole numbers)

97. 29 ÷ 16 =   **109.** 61 ÷ 59 =

98. 66 ÷ 8 =   **110.** 68 ÷ 96 =

99. 26 ÷ 99 =   **111.** 70 ÷ 62 =

100. 50 ÷ 56 =   **112.** 55 ÷ 95 =

101. 65 ÷ 89 =   **113.** 9 ÷ 19 =

102. 64 ÷ 18 =   **114.** 37 ÷ 91 =

103. 5 ÷ 2 =   **115.** 65 ÷ 86 =

104. 84 ÷ 18 =   **116.** 76 ÷ 6 =

105. 17 ÷ 44 =   **117.** 70 ÷ 19 =

106. 47 ÷ 92 =   **118.** 69 ÷ 9 =

107. 22 ÷ 49 =   **119.** 44 ÷ 28 =

108. 76 ÷ 68 =   **120.** 27 ÷ 95 =

* Note: The remainder is the decimal or fraction. Therefore, write your remainder as a fraction.

CHAPTER 7

Name: _____

Horizontal Division Using Two Digits
(write the answers as fractions, mixed numbers or whole numbers)

121. 97 ÷ 46 =

122. 89 ÷ 50 =

123. 56 ÷ 35 =

124. 48 ÷ 5 =

125. 91 ÷ 20 =

126. 89 ÷ 24 =

127. 80 ÷ 16 =

128. 97 ÷ 90 =

129. 6 ÷ 17 =

130. 54 ÷ 23 =

131. 65 ÷ 26 =

132. 27 ÷ 5 =

133. 5 ÷ 52 =

134. 43 ÷ 40 =

135. 92 ÷ 6 =

136. 98 ÷ 9 =

137. 1 ÷ 72 =

138. 38 ÷ 11 =

139. 14 ÷ 5 =

140. 74 ÷ 98 =

141. 6 ÷ 52 =

142. 59 ÷ 57 =

143. 91 ÷ 92 =

144. 67 ÷ 5 =

* Note: The remainder is the decimal or fraction. Therefore, write your remainder as a fraction.

CHAPTER 7

Name:_____

Horizontal Division Using Two Digits
(write the answers as fractions, mixed numbers or whole numbers)

145. 18 ÷ 98 =

146. 21 ÷ 92 =

147. 16 ÷ 36 =

148. 6 ÷ 86 =

149. 21 ÷ 49 =

150. 32 ÷ 55 =

151. 52 ÷ 79 =

152. 89 ÷ 39 =

153. 54 ÷ 35 =

154. 83 ÷ 36 =

155. 40 ÷ 95 =

156. 96 ÷ 6 =

157. 59 ÷ 88 =

158. 98 ÷ 54 =

159. 67 ÷ 56 =

160. 82 ÷ 50 =

161. 89 ÷ 88 =

162. 38 ÷ 58 =

163. 65 ÷ 86 =

164. 81 ÷ 26 =

165. 92 ÷ 39 =

166. 86 ÷ 77 =

167. 82 ÷ 42 =

168. 29 ÷ 3 =

* Note: The remainder is the decimal or fraction. Therefore, write your remainder as a fraction.

CHAPTER 7

Name:_____

Horizontal Division Using Two Digits
(write the answers as fractions, mixed numbers or whole numbers)

169. 91 ÷ 72 = **181.** 44 ÷ 61 =

170. 33 ÷ 97 = **182.** 75 ÷ 34 =

171. 25 ÷ 75 = **183.** 40 ÷ 29 =

172. 87 ÷ 12 = **184.** 77 ÷ 3 =

173. 51 ÷ 59 = **185.** 64 ÷ 96 =

174. 12 ÷ 58 = **186.** 30 ÷ 93 =

175. 9 ÷ 5 = **187.** 51 ÷ 25 =

176. 31 ÷ 60 = **188.** 97 ÷ 80 =

177. 86 ÷ 53 = **189.** 57 ÷ 70 =

178. 40 ÷ 23 = **190.** 35 ÷ 93 =

179. 13 ÷ 90 = **191.** 27 ÷ 41 =

180. 77 ÷ 36 = **192.** 9 ÷ 82 =

* Note: The remainder is the decimal or fraction. Therefore, write your remainder as a fraction.

CHAPTER 7
Name:_____

Horizontal Division Using Two Digits
(write the answers as fractions, mixed numbers or whole numbers)

193. 34 ÷ 64 =   **205.** 32 ÷ 92 =

194. 40 ÷ 56 =   **206.** 3 ÷ 16 =

195. 28 ÷ 7 =   **207.** 87 ÷ 90 =

196. 92 ÷ 2 =   **208.** 95 ÷ 67 =

197. 28 ÷ 69 =   **209.** 15 ÷ 50 =

198. 7 ÷ 86 =   **210.** 71 ÷ 59 =

199. 75 ÷ 99 =   **211.** 19 ÷ 77 =

200. 53 ÷ 1 =   **212.** 17 ÷ 20 =

201. 57 ÷ 24 =   **213.** 82 ÷ 75 =

202. 50 ÷ 75 =   **214.** 18 ÷ 16 =

203. 17 ÷ 99 =   **215.** 62 ÷ 31 =

204. 62 ÷ 28 =   **216.** 8 ÷ 25 =

* Note: The remainder is the decimal or fraction. Therefore, write your remainder as a fraction.

CHAPTER 7

Name:_____

Horizontal Division Using Two Digits
(write the answers as fractions, mixed numbers or whole numbers)

217. 44 ÷ 78 =

218. 71 ÷ 21 =

219. 5 ÷ 86 =

220. 85 ÷ 99 =

221. 37 ÷ 18 =

222. 43 ÷ 84 =

223. 12 ÷ 28 =

224. 53 ÷ 67 =

225. 97 ÷ 41 =

226. 68 ÷ 39 =

227. 92 ÷ 15 =

228. 85 ÷ 88 =

229. 2 ÷ 28 =

230. 85 ÷ 29 =

231. 85 ÷ 52 =

232. 66 ÷ 39 =

233. 66 ÷ 40 =

234. 83 ÷ 18 =

235. 32 ÷ 36 =

236. 69 ÷ 91 =

237. 54 ÷ 87 =

238. 10 ÷ 70 =

239. 46 ÷ 86 =

240. 29 ÷ 77 =

* Note: The remainder is the decimal or fraction. Therefore, write your remainder as a fraction.

EXAMPLES   CHAPTER 8

Horizontal Division Using Up-To Three Digit Numbers
(write the answers as proper fractions, whole numbers, or mixed numbers)

1.   690 ÷ 424 = 1 133/212   7.   202 ÷ 581 = 202/581

2.   988 ÷ 602 = 1 193/301   8.   520 ÷ 42 = 12 8/21

3.   612 ÷ 412 = 1 50/103   9.   731 ÷ 41 = 17 34/41

4.   897 ÷ 865 = 1 32/865   10.   852 ÷ 804 = 1 4/67

5.   104 ÷ 262 = 52/131   11.   355 ÷ 881 = 355/881

6.   441 ÷ 830 = 441/830   12.   98 ÷ 423 = 98/423

To get your remainder as a fraction, place the number you are dividing (dividend) over the number you are dividing by (divisor) and reduced the fraction to lowest terms.

EXAMPLE: $7 \div 4 = \dfrac{7}{4} = 1 \text{ r } 3$

Therefore, $1 \dfrac{3}{4}$

* Note: The remainder is the decimal or fraction. Therefore, write your remainder as a fraction.

CHAPTER 8 PROGRESS Name: _____

(*Graph how many minutes it took you to complete each page)
*use color pencils or color markers to graph your progress.

Number of minutes to complete each page										
Page Number	page 95	page 96	page 97	page 98	page 99	page 100	page 101	page 102	page 103	page 104

CHAPTER 8   Name:_____
Horizontal Division Using Up-To Three Digit Numbers
(write the answers as proper fractions, whole numbers, or mixed numbers)

1. 325 ÷ 462 =
2. 928 ÷ 471 =
3. 482 ÷ 243 =
4. 607 ÷ 658 =
5. 28 ÷ 567 =
6. 635 ÷ 58 =
7. 448 ÷ 669 =
8. 730 ÷ 793 =
9. 611 ÷ 391 =
10. 910 ÷ 232 =
11. 225 ÷ 59 =
12. 914 ÷ 917 =

13. 490 ÷ 680 =
14. 58 ÷ 56 =
15. 203 ÷ 956 =
16. 837 ÷ 768 =
17. 46 ÷ 659 =
18. 854 ÷ 561 =
19. 260 ÷ 631 =
20. 189 ÷ 386 =
21. 731 ÷ 546 =
22. 873 ÷ 518 =
23. 471 ÷ 466 =
24. 412 ÷ 116 =

* Note: The remainder is the decimal or fraction. Therefore, write your remainder as a fraction.

CHAPTER 8

Name:_____

Horizontal Division Using Up-To Three Digit Numbers
(write the answers as proper fractions, whole numbers, or mixed numbers)

25. 444 ÷ 266 =   **37.** 787 ÷ 838 =

26. 203 ÷ 267 =   **38.** 848 ÷ 814 =

27. 299 ÷ 743 =   **39.** 932 ÷ 695 =

28. 133 ÷ 200 =   **40.** 817 ÷ 887 =

29. 956 ÷ 150 =   **41.**   48 ÷ 614 =

30. 724 ÷ 837 =   **42.** 247 ÷ 577 =

31. 960 ÷ 42 =   **43.** 996 ÷ 219 =

32. 988 ÷ 930 =   **44.** 982 ÷ 545 =

33. 109 ÷ 535 =   **45.** 566 ÷ 53 =

34. 197 ÷ 158 =   **46.** 289 ÷ 434 =

35. 531 ÷ 250 =   **47.** 335 ÷ 28 =

36. 759 ÷ 348 =   **48.** 192 ÷ 820 =

* Note: The remainder is the decimal or fraction. Therefore, write your remainder as a fraction.

CHAPTER 8
Name:_____

Horizontal Division Using Up-To Three Digit Numbers
(write the answers as proper fractions, whole numbers, or mixed numbers)

49.   449 ÷ 160 =

50.   742 ÷ 521 =

51.   839 ÷ 363 =

52.   199 ÷ 398 =

53.   261 ÷ 853 =

54.   501 ÷ 712 =

55.   406 ÷ 946 =

56.   268 ÷ 300 =

57.   329 ÷ 755 =

58.   963 ÷ 158 =

59.   66 ÷ 639 =

60.   261 ÷ 945 =

61.   890 ÷ 877 =

62.   624 ÷ 216 =

63.   503 ÷ 523 =

64.   533 ÷ 596 =

65.   737 ÷ 57 =

66.   310 ÷ 354 =

67.   37 ÷ 644 =

68.   840 ÷ 19 =

69.   278 ÷ 73 =

70.   896 ÷ 259 =

71.   896 ÷ 34 =

72.   563 ÷ 856 =

* Note: The remainder is the decimal or fraction. Therefore, write your remainder as a fraction.

CHAPTER 8   Name:_____
Horizontal Division Using Up-To Three Digit Numbers
(write the answers as proper fractions, whole numbers, or mixed numbers)

73.   172 ÷ 962 =   **85.**   616 ÷ 602 =

74.   792 ÷ 625 =   **86.**   973 ÷ 21 =

75.   753 ÷ 501 =   **87.**   641 ÷ 603 =

76.   610 ÷ 693 =   **88.**   652 ÷ 990 =

77.   229 ÷ 609 =   **89.**   227 ÷ 683 =

78.   698 ÷ 252 =   **90.**   502 ÷ 370 =

79.   159 ÷ 159 =   **91.**   740 ÷ 91 =

80.   2 ÷ 205 =   **92.**   21 ÷ 412 =

81.   46 ÷ 646 =   **93.**   963 ÷ 213 =

82.   343 ÷ 685 =   **94.**   565 ÷ 534 =

83.   829 ÷ 945 =   **95.**   108 ÷ 994 =

84.   325 ÷ 662 =   **96.**   530 ÷ 822 =

* Note: The remainder is the decimal or fraction. Therefore, write your remainder as a fraction.

CHAPTER 8

Name:_____

Horizontal Division Using Up-To Three Digit Numbers
(write the answers as proper fractions, whole numbers, or mixed numbers)

97.   189 ÷ 359 =   **109.**   889 ÷ 901 =

98.   197 ÷ 894 =   **110.**   158 ÷ 588 =

99.   2 ÷ 96 =   **111.**   484 ÷ 683 =

100. 70 ÷ 375 =   **112.**   131 ÷ 704 =

101. 366 ÷ 833 =   **113.**   224 ÷ 138 =

102. 245 ÷ 938 =   **114.**   154 ÷ 944 =

103. 844 ÷ 94 =   **115.**   918 ÷ 167 =

104. 862 ÷ 527 =   **116.**   394 ÷ 505 =

105. 723 ÷ 95 =   **117.**   950 ÷ 951 =

106. 964 ÷ 719 =   **118.**   678 ÷ 127 =

107. 204 ÷ 852 =   **119.**   59 ÷ 883 =

108. 237 ÷ 408 =   **120.**   25 ÷ 92 =

* Note: The remainder is the decimal or fraction. Therefore, write your remainder as a fraction.

CHAPTER 8

Name:_____

Horizontal Division Using Up-To Three Digit Numbers
(write the answers as proper fractions, whole numbers, or mixed numbers)

121.   840 ÷ 936 =

122.   725 ÷ 869 =

123.   382 ÷ 499 =

124.   200 ÷ 251 =

125.   155 ÷ 622 =

126.   61 ÷ 496 =

127.   629 ÷ 932 =

128.   934 ÷ 846 =

129.   964 ÷ 966 =

130.   431 ÷ 84 =

131.   115 ÷ 490 =

132.   286 ÷ 627 =

133.   464 ÷ 546 =

134.   451 ÷ 97 =

135.   977 ÷ 87 =

136.   10 ÷ 676 =

137.   117 ÷ 602 =

138.   282 ÷ 431 =

139.   445 ÷ 251 =

140.   226 ÷ 460 =

141.   685 ÷ 187 =

142.   180 ÷ 394 =

143.   100 ÷ 77 =

144.   708 ÷ 96 =

* Note: The remainder is the decimal or fraction. Therefore, write your remainder as a fraction.

CHAPTER 8
Name:_____

Horizontal Division Using Up-To Three Digit Numbers
(write the answers as proper fractions, whole numbers, or mixed numbers)

145. 594 ÷ 20 =

146. 158 ÷ 870 =

147. 96 ÷ 756 =

148. 952 ÷ 633 =

149. 111 ÷ 706 =

150. 180 ÷ 280 =

151. 630 ÷ 559 =

152. 221 ÷ 272 =

153. 153 ÷ 906 =

154. 734 ÷ 65 =

155. 620 ÷ 670 =

156. 497 ÷ 949 =

157. 275 ÷ 844 =

158. 782 ÷ 919 =

159. 961 ÷ 576 =

160. 952 ÷ 608 =

161. 577 ÷ 34 =

162. 780 ÷ 752 =

163. 336 ÷ 890 =

164. 95 ÷ 444 =

165. 769 ÷ 474 =

166. 366 ÷ 447 =

167. 593 ÷ 608 =

168. 49 ÷ 675 =

* Note: The remainder is the decimal or fraction. Therefore, write your remainder as a fraction.

CHAPTER 8

Name:_____

Horizontal Division Using Up-To Three Digit Numbers
(write the answers as proper fractions, whole numbers, or mixed numbers)

169.   656 ÷ 566 =

170.   829 ÷ 424 =

171.   102 ÷ 961 =

172.   750 ÷ 487 =

173.   396 ÷ 492 =

174.   43 ÷ 133 =

175.   214 ÷ 117 =

176.   325 ÷ 785 =

177.   688 ÷ 216 =

178.   916 ÷ 259 =

179.   666 ÷ 497 =

180.   870 ÷ 679 =

181.   635 ÷ 306 =

182.   421 ÷ 261 =

183.   198 ÷ 81 =

184.   266 ÷ 532 =

185.   251 ÷ 939 =

186.   152 ÷ 468 =

187.   413 ÷ 679 =

188.   487 ÷ 681 =

189.   415 ÷ 986 =

190.   876 ÷ 699 =

191.   287 ÷ 784 =

192.   115 ÷ 457 =

* Note: The remainder is the decimal or fraction. Therefore, write your remainder as a fraction.

CHAPTER 8
Name:_____

Horizontal Division Using Up-To Three Digit Numbers
(write the answers as proper fractions, whole numbers, or mixed numbers)

193. 318 ÷ 38 =

194. 310 ÷ 407 =

195. 937 ÷ 229 =

196. 317 ÷ 68 =

197. 326 ÷ 558 =

198. 981 ÷ 972 =

199. 248 ÷ 92 =

200. 263 ÷ 938 =

201. 685 ÷ 467 =

202. 577 ÷ 729 =

203. 346 ÷ 20 =

204. 340 ÷ 546 =

205. 296 ÷ 516 =

206. 551 ÷ 423 =

207. 495 ÷ 873 =

208. 774 ÷ 527 =

209. 28 ÷ 194 =

210. 429 ÷ 322 =

211. 440 ÷ 937 =

212. 914 ÷ 756 =

213. 895 ÷ 779 =

214. 441 ÷ 235 =

215. 616 ÷ 654 =

216. 204 ÷ 723 =

* Note: The remainder is the decimal or fraction. Therefore, write your remainder as a fraction.

CHAPTER 8

Name:_____

Horizontal Division Using Up-To Three Digit Numbers
(write the answers as proper fractions, whole numbers, or mixed numbers)

217.   343 ÷ 882 =

218.   283 ÷ 53 =

219.   372 ÷ 233 =

220.   6 ÷ 196 =

221.   419 ÷ 661 =

222.   179 ÷ 762 =

223.   399 ÷ 482 =

224.   144 ÷ 569 =

225.   153 ÷ 6 =

226.   618 ÷ 719 =

227.   917 ÷ 149 =

228.   450 ÷ 611 =

229.   676 ÷ 532 =

230.   921 ÷ 883 =

231.   534 ÷ 158 =

232.   31 ÷ 129 =

233.   540 ÷ 81 =

234.   364 ÷ 955 =

235.   439 ÷ 426 =

236.   622 ÷ 721 =

237.   485 ÷ 274 =

238.   942 ÷ 596 =

239.   773 ÷ 14 =

240.   461 ÷ 401 =

* Note: The remainder is the decimal or fraction. Therefore, write your remainder as a fraction.

EXAMPLES   CHAPTER 9

Horizontal Division Using Up-To Three Digit Numbers
(write the answers as proper fractions)

1.   85 ÷ 307 = 85/307   7.   31 ÷ 977 = 31/977

2.   26 ÷ 402 = 13/201   8.   26 ÷ 638 = 13/319

3.   65 ÷ 438 = 65/438   9.   72 ÷ 561 = 24/187

4.   82 ÷ 455 = 82/455   10.   25 ÷ 241 = 25/241

5.   54 ÷ 349 = 54/349   11.   54 ÷ 879 = 18/293

6.   71 ÷ 519 = 71/519   12.   91 ÷ 655 = 91/655

To get a fraction, place the number you are dividing (dividend) over the number you are dividing by (divisor) and reduced the fraction to lowest terms.

EXAMPLE: $24 \div 72 = \dfrac{24}{72} = \dfrac{1}{3}$

Therefore, $\dfrac{3}{7}$

* Note: The remainder is the decimal or fraction. Therefore, write your remainder as a fraction.

CHAPTER 9 PROGRESS Name: _____

(*Graph how many minutes it took you to complete each page)
*use color pencils or color markers to graph your progress.

Number of minutes to complete each page											
Page Number	page 107	page 108	page 109	page 110	page 111	page 112	page 113	page 114	page 115	page 116

CHAPTER 9

Name:_____

Horizontal Division Using Up-To Three Digit Numbers
(write the answers as proper fractions)

1. 86 ÷ 758 =
2. 100 ÷ 985 =
3. 67 ÷ 962 =
4. 96 ÷ 272 =
5. 34 ÷ 410 =
6. 41 ÷ 176 =
7. 40 ÷ 713 =
8. 78 ÷ 106 =
9. 92 ÷ 609 =
10. 88 ÷ 615 =
11. 90 ÷ 693 =
12. 16 ÷ 634 =
13. 44 ÷ 125 =
14. 32 ÷ 122 =
15. 65 ÷ 961 =
16. 73 ÷ 526 =
17. 56 ÷ 410 =
18. 96 ÷ 469 =
19. 97 ÷ 206 =
20. 59 ÷ 632 =
21. 54 ÷ 935 =
22. 28 ÷ 686 =
23. 71 ÷ 713 =
24. 99 ÷ 538 =

* Note: The remainder is the decimal or fraction. Therefore, write your remainder as a fraction.

CHAPTER 9

Name:_____

Horizontal Division Using Up-To Three Digit Numbers
(write the answers as proper fractions)

25.   96 ÷ 824 =

26.   40 ÷ 254 =

27.   55 ÷ 757 =

28.   89 ÷ 931 =

29.   30 ÷ 492 =

30.   25 ÷ 845 =

31.   35 ÷ 516 =

32.   94 ÷ 868 =

33.   82 ÷ 434 =

34.   86 ÷ 998 =

35.   20 ÷ 830 =

36.   89 ÷ 851 =

37.   5 ÷ 549 =

38.   67 ÷ 106 =

39.   84 ÷ 216 =

40.   29 ÷ 508 =

41.   77 ÷ 408 =

42.   33 ÷ 467 =

43.   66 ÷ 478 =

44.   13 ÷ 136 =

45.   8 ÷ 559 =

46.   19 ÷ 166 =

47.   78 ÷ 991 =

48.   32 ÷ 873 =

* Note: The remainder is the decimal or fraction. Therefore, write your remainder as a fraction.

CHAPTER 9

Name:_____

Horizontal Division Using Up-To Three Digits
(write the answers as proper fractions)

49.   79 ÷ 293 =

50.   64 ÷ 292 =

51.   74 ÷ 512 =

52.   62 ÷ 151 =

53.   85 ÷ 536 =

54.   65 ÷ 333 =

55.   55 ÷ 255 =

56.   80 ÷ 563 =

57.   9 ÷ 180 =

58.   39 ÷ 309 =

59.   24 ÷ 827 =

60.   62 ÷ 366 =

61.   31 ÷ 655 =

62.   87 ÷ 366 =

63.   98 ÷ 715 =

64.   65 ÷ 440 =

65.   39 ÷ 698 =

66.   6 ÷ 924 =

67.   53 ÷ 220 =

68.   86 ÷ 785 =

69.   39 ÷ 507 =

70.   36 ÷ 953 =

71.   45 ÷ 752 =

72.   31 ÷ 961 =

* Note: The remainder is the decimal or fraction. Therefore, write your remainder as a fraction.

CHAPTER 9

Name: _____

Horizontal Division Using Up-To Three Digits
(write the answers as proper fractions)

73. 75 ÷ 113 =

74. 2 ÷ 654 =

75. 52 ÷ 275 =

76. 36 ÷ 548 =

77. 64 ÷ 312 =

78. 83 ÷ 491 =

79. 50 ÷ 197 =

80. 32 ÷ 998 =

81. 9 ÷ 692 =

82. 45 ÷ 933 =

83. 20 ÷ 697 =

84. 95 ÷ 275 =

85. 69 ÷ 547 =

86. 37 ÷ 581 =

87. 44 ÷ 789 =

88. 57 ÷ 583 =

89. 79 ÷ 674 =

90. 100 ÷ 513 =

91. 79 ÷ 118 =

92. 83 ÷ 551 =

93. 32 ÷ 916 =

94. 45 ÷ 755 =

95. 46 ÷ 370 =

96. 9 ÷ 255 =

* Note: The remainder is the decimal or fraction. Therefore, write your remainder as a fraction.

CHAPTER 9

Name:_____

Horizontal Division Using Up-To Three Digits
(write the answers as proper fractions)

97. 19 ÷ 577 =

98. 67 ÷ 762 =

99. 76 ÷ 955 =

100. 34 ÷ 477 =

101. 85 ÷ 512 =

102. 34 ÷ 625 =

103. 74 ÷ 798 =

104. 78 ÷ 490 =

105. 33 ÷ 827 =

106. 51 ÷ 666 =

107. 28 ÷ 209 =

108. 42 ÷ 184 =

109. 67 ÷ 838 =

110. 34 ÷ 150 =

111. 3 ÷ 369 =

112. 57 ÷ 877 =

113. 33 ÷ 667 =

114. 71 ÷ 948 =

115. 91 ÷ 751 =

116. 91 ÷ 877 =

117. 83 ÷ 965 =

118. 22 ÷ 773 =

119. 71 ÷ 682 =

120. 70 ÷ 559 =

* Note: The remainder is the decimal or fraction. Therefore, write your remainder as a fraction.

CHAPTER 9

Horizontal Division Using Up-To Three Digits
(write the answers as proper fractions)

121. 40 ÷ 898 =

122. 95 ÷ 659 =

123. 86 ÷ 966 =

124. 36 ÷ 202 =

125. 35 ÷ 651 =

126. 2 ÷ 545 =

127. 2 ÷ 618 =

128. 65 ÷ 449 =

129. 29 ÷ 746 =

130. 63 ÷ 202 =

131. 85 ÷ 945 =

132. 46 ÷ 208 =

133. 65 ÷ 912 =

134. 96 ÷ 615 =

135. 73 ÷ 851 =

136. 39 ÷ 608 =

137. 63 ÷ 974 =

138. 1 ÷ 927 =

139. 11 ÷ 308 =

140. 6 ÷ 500 =

141. 46 ÷ 515 =

142. 40 ÷ 532 =

143. 46 ÷ 848 =

144. 97 ÷ 856 =

* Note: The remainder is the decimal or fraction. Therefore, write your remainder as a fraction.

CHAPTER 9
Horizontal Division Using Up-To Three Digits
(write the answers as proper fractions)

145. 79 ÷ 834 =

146. 1 ÷ 929 =

147. 97 ÷ 645 =

148. 91 ÷ 904 =

149. 62 ÷ 670 =

150. 2 ÷ 728 =

151. 26 ÷ 858 =

152. 8 ÷ 584 =

153. 1 ÷ 481 =

154. 85 ÷ 969 =

155. 35 ÷ 230 =

156. 8 ÷ 976 =

157. 19 ÷ 487 =

158. 50 ÷ 721 =

159. 76 ÷ 707 =

160. 28 ÷ 439 =

161. 38 ÷ 672 =

162. 49 ÷ 376 =

163. 28 ÷ 891 =

164. 96 ÷ 936 =

165. 30 ÷ 571 =

166. 97 ÷ 545 =

167. 68 ÷ 431 =

168. 54 ÷ 689 =

* Note: The remainder is the decimal or fraction. Therefore, write your remainder as a fraction.

CHAPTER 9

Name:_____

Horizontal Division Using Up-To Three Digits
(write the answers as proper fractions)

169. 8 ÷ 148 =

170. 52 ÷ 269 =

171. 98 ÷ 516 =

172. 63 ÷ 337 =

173. 70 ÷ 413 =

174. 62 ÷ 636 =

175. 30 ÷ 190 =

176. 84 ÷ 179 =

177. 61 ÷ 722 =

178. 51 ÷ 821 =

179. 30 ÷ 713 =

180. 1 ÷ 603 =

181. 83 ÷ 936 =

182. 48 ÷ 716 =

183. 40 ÷ 871 =

184. 88 ÷ 466 =

185. 47 ÷ 459 =

186. 80 ÷ 839 =

187. 56 ÷ 773 =

188. 81 ÷ 296 =

189. 12 ÷ 354 =

190. 82 ÷ 659 =

191. 63 ÷ 977 =

192. 63 ÷ 403 =

* Note: The remainder is the decimal or fraction. Therefore, write your remainder as a fraction.

CHAPTER 9
Horizontal Division Using Up-To Three Digits
(write the answers as proper fractions)

193. 23 ÷ 604 =

194. 37 ÷ 631 =

195. 79 ÷ 541 =

196. 99 ÷ 939 =

197. 48 ÷ 296 =

198. 60 ÷ 479 =

199. 70 ÷ 609 =

200. 65 ÷ 439 =

201. 31 ÷ 780 =

202. 13 ÷ 849 =

203. 73 ÷ 822 =

204. 86 ÷ 399 =

205. 88 ÷ 726 =

206. 83 ÷ 906 =

207. 67 ÷ 693 =

208. 17 ÷ 198 =

209. 33 ÷ 421 =

210. 86 ÷ 888 =

211. 50 ÷ 596 =

212. 34 ÷ 416 =

213. 48 ÷ 185 =

214. 5 ÷ 810 =

215. 78 ÷ 400 =

216. 40 ÷ 747 =

* Note: The remainder is the decimal or fraction. Therefore, write your remainder as a fraction.

CHAPTER 9

Name:_____

Horizontal Division Using Up-To Three Digits
(write the answers as proper fractions)

217. 48 ÷ 825 =

218. 58 ÷ 424 =

219. 39 ÷ 191 =

220. 62 ÷ 607 =

221. 76 ÷ 722 =

222. 87 ÷ 393 =

223. 40 ÷ 675 =

224. 31 ÷ 787 =

225. 49 ÷ 866 =

226. 42 ÷ 231 =

227. 64 ÷ 657 =

228. 61 ÷ 121 =

229. 63 ÷ 558 =

230. 66 ÷ 856 =

231. 70 ÷ 856 =

232. 84 ÷ 549 =

233. 38 ÷ 883 =

234. 14 ÷ 325 =

235. 60 ÷ 670 =

236. 3 ÷ 388 =

237. 58 ÷ 617 =

238. 5 ÷ 509 =

239. 34 ÷ 504 =

240. 80 ÷ 142 =

* Note: The remainder is the decimal or fraction. Therefore, write your remainder as a fraction.

EXAMPLES ## CHAPTER 10

Horizontal Division Using Up-To Three Digit Numbers
(write the answers as mixed numbers or whole numbers)

1. 692 ÷ 26 = 26 8/13   7. 482 ÷ 4 = 120 1/2

2. 168 ÷ 82 = 2 2/41   8. 441 ÷ 96 = 4 19/32

3. 553 ÷ 87 = 6 31/87   9. 415 ÷ 59 = 7 2/59

4. 665 ÷ 65 = 10 3/13   10. 597 ÷ 68 = 8 53/68

5. 234 ÷ 88 = 2 29/44   11. 860 ÷ 11 = 78 2/11

6. 882 ÷ 43 = 20 22/43   12. 644 ÷ 73 = 8 60/73

To get your remainder as a fraction, place the number you are dividing (dividend) over the number you are dividing by (divisor) and reduced the fraction to lowest terms.

$$\text{EXAMPLE:} \quad 14 \div 5 = \frac{14}{50} = 20 \text{ r } 40$$

$$\text{Therefore,} \quad 20 \frac{40}{50}$$

* Note: The remainder is the decimal or fraction. Therefore, write your remainder as a fraction.

CHAPTER 10 PROGRESS Name:_____

(*Graph how many minutes it took you to complete each page)
*use color pencils or color markers to graph your progress.

Number of minutes to complete each page

Page Number	page 119	page 120	page 121	page 122	page 123	page 124	page 125	page 126	page 127	page 128

CHAPTER 10

Name:_____

Horizontal Division Using Up-To Three Digit Numbers
(write the answers as mixed numbers or whole numbers)

1. 267 ÷ 80 =
2. 976 ÷ 82 =
3. 886 ÷ 81 =
4. 689 ÷ 55 =
5. 925 ÷ 71 =
6. 808 ÷ 70 =
7. 349 ÷ 7 =
8. 523 ÷ 58 =
9. 383 ÷ 28 =
10. 145 ÷ 81 =
11. 569 ÷ 94 =
12. 994 ÷ 57 =
13. 919 ÷ 22 =
14. 216 ÷ 87 =
15. 897 ÷ 17 =
16. 152 ÷ 88 =
17. 960 ÷ 87 =
18. 623 ÷ 74 =
19. 707 ÷ 78 =
20. 653 ÷ 20 =
21. 793 ÷ 30 =
22. 364 ÷ 96 =
23. 620 ÷ 10 =
24. 656 ÷ 97 =

* Note: The remainder is the decimal or fraction. Therefore, write your remainder as a fraction.

CHAPTER 10   Name:_____
Horizontal Division Using Up-To Three Digit Numbers
(write the answers as mixed numbers or whole numbers)

25.   342 ÷ 13 =

26.   229 ÷ 86 =

27.   262 ÷ 21 =

28.   127 ÷ 92 =

29.   709 ÷ 50 =

30.   520 ÷ 71 =

31.   407 ÷ 63 =

32.   122 ÷ 86 =

33.   917 ÷ 69 =

34.   393 ÷ 93 =

35.   196 ÷ 7 =

36.   663 ÷ 52 =

37.   208 ÷ 64 =

38.   417 ÷ 58 =

39.   104 ÷ 18 =

40.   717 ÷ 56 =

41.   858 ÷ 20 =

42.   677 ÷ 29 =

43.   296 ÷ 59 =

44.   774 ÷ 69 =

45.   601 ÷ 32 =

46.   703 ÷ 32 =

47.   767 ÷ 92 =

48.   759 ÷ 10 =

* Note: The remainder is the decimal or fraction. Therefore, write your remainder as a fraction.

CHAPTER 10   Name:_____
Horizontal Division Using Up-To Three Digits
(write the answers as mixed numbers or whole numbers)

49.   506 ÷ 45 =   **61.**   242 ÷ 61 =

50.   469 ÷ 9 =   **62.**   461 ÷ 78 =

51.   851 ÷ 77 =   **63.**   903 ÷ 81 =

52.   475 ÷ 54 =   **64.**   280 ÷ 10 =

53.   821 ÷ 78 =   **65.**   605 ÷ 35 =

54.   374 ÷ 23 =   **66.**   627 ÷ 25 =

55.   629 ÷ 14 =   **67.**   817 ÷ 4 =

56.   796 ÷ 37 =   **68.**   643 ÷ 71 =

57.   688 ÷ 65 =   **69.**   709 ÷ 95 =

58.   304 ÷ 43 =   **70.**   819 ÷ 100 =

59.   832 ÷ 26 =   **71.**   555 ÷ 42 =

60.   120 ÷ 52 =   **72.**   750 ÷ 91 =

* Note: The remainder is the decimal or fraction. Therefore, write your remainder as a fraction.

CHAPTER 10   Name:_____
Horizontal Division Using Up-To Three Digits
(write the answers as mixed numbers or whole numbers)

73. 127 ÷ 73 =   **85.** 931 ÷ 55 =

74. 569 ÷ 34 =   **86.** 578 ÷ 90 =

75. 147 ÷ 28 =   **87.** 746 ÷ 19 =

76. 642 ÷ 4 =   **88.** 562 ÷ 85 =

77. 699 ÷ 28 =   **89.** 221 ÷ 87 =

78. 254 ÷ 70 =   **90.** 114 ÷ 55 =

79. 842 ÷ 84 =   **91.** 945 ÷ 44 =

80. 473 ÷ 10 =   **92.** 516 ÷ 68 =

81. 340 ÷ 50 =   **93.** 582 ÷ 84 =

82. 179 ÷ 100 =   **94.** 285 ÷ 90 =

83. 124 ÷ 44 =   **95.** 837 ÷ 40 =

84. 805 ÷ 45 =   **96.** 983 ÷ 12 =

* Note: The remainder is the decimal or fraction. Therefore, write your remainder as a fraction.

CHAPTER 10

Name: _____

Horizontal Division Using Up-To Three Digits
(write the answers as mixed numbers or whole numbers)

97. 752 ÷ 39 =

98. 157 ÷ 88 =

99. 654 ÷ 11 =

100. 753 ÷ 14 =

101. 138 ÷ 45 =

102. 576 ÷ 1 =

103. 567 ÷ 66 =

104. 175 ÷ 30 =

105. 952 ÷ 94 =

106. 651 ÷ 84 =

107. 826 ÷ 18 =

108. 675 ÷ 59 =

109. 589 ÷ 75 =

110. 157 ÷ 66 =

111. 431 ÷ 83 =

112. 552 ÷ 67 =

113. 450 ÷ 59 =

114. 617 ÷ 67 =

115. 917 ÷ 72 =

116. 402 ÷ 79 =

117. 585 ÷ 39 =

118. 936 ÷ 73 =

119. 554 ÷ 85 =

120. 337 ÷ 2 =

* Note: The remainder is the decimal or fraction. Therefore, write your remainder as a fraction.

CHAPTER 10   Name:_____
Horizontal Division Using Up-To Three Digits
(write the answers as mixed numbers or whole numbers)

121.   109 ÷ 16 =

122.   487 ÷ 15 =

123.   504 ÷ 52 =

124.   706 ÷ 31 =

125.   468 ÷ 28 =

126.   478 ÷ 55 =

127.   549 ÷ 11 =

128.   627 ÷ 63 =

129.   476 ÷ 23 =

130.   157 ÷ 9 =

131.   928 ÷ 42 =

132.   316 ÷ 86 =

133.   195 ÷ 22 =

134.   152 ÷ 90 =

135.   910 ÷ 24 =

136.   217 ÷ 35 =

137.   333 ÷ 50 =

138.   738 ÷ 10 =

139.   780 ÷ 56 =

140.   758 ÷ 17 =

141.   353 ÷ 81 =

142.   343 ÷ 14 =

143.   839 ÷ 40 =

144.   837 ÷ 80 =

* Note: The remainder is the decimal or fraction. Therefore, write your remainder as a fraction.

CHAPTER 10   Name:_____
Horizontal Division Using Up-To Three Digits
(write the answers as mixed numbers or whole numbers)

145. 418 ÷ 77 =

146. 683 ÷ 94 =

147. 326 ÷ 82 =

148. 719 ÷ 20 =

149. 242 ÷ 46 =

150. 796 ÷ 42 =

151. 359 ÷ 86 =

152. 280 ÷ 2 =

153. 468 ÷ 18 =

154. 251 ÷ 4 =

155. 347 ÷ 47 =

156. 525 ÷ 69 =

157. 608 ÷ 32 =

158. 735 ÷ 35 =

159. 914 ÷ 39 =

160. 550 ÷ 68 =

161. 929 ÷ 78 =

162. 489 ÷ 94 =

163. 470 ÷ 83 =

164. 189 ÷ 63 =

165. 738 ÷ 60 =

166. 988 ÷ 55 =

167. 544 ÷ 7 =

168. 126 ÷ 28 =

* Note: The remainder is the decimal or fraction. Therefore, write your remainder as a fraction.

CHAPTER 10

Name: _____

Horizontal Division Using Up-To Three Digits
(write the answers as mixed numbers or whole numbers)

169. 232 ÷ 37 =

170. 831 ÷ 60 =

171. 732 ÷ 3 =

172. 796 ÷ 43 =

173. 779 ÷ 58 =

174. 755 ÷ 63 =

175. 616 ÷ 4 =

176. 647 ÷ 40 =

177. 990 ÷ 98 =

178. 464 ÷ 51 =

179. 290 ÷ 9 =

180. 823 ÷ 51 =

181. 273 ÷ 29 =

182. 779 ÷ 52 =

183. 560 ÷ 18 =

184. 942 ÷ 53 =

185. 333 ÷ 98 =

186. 410 ÷ 39 =

187. 868 ÷ 34 =

188. 486 ÷ 46 =

189. 656 ÷ 49 =

190. 369 ÷ 44 =

191. 865 ÷ 5 =

192. 501 ÷ 11 =

* Note: The remainder is the decimal or fraction. Therefore, write your remainder as a fraction.

CHAPTER 10
Name: _____

Horizontal Division Using Up-To Three Digits
(write the answers as mixed numbers or whole numbers)

193. 371 ÷ 64 =

194. 991 ÷ 17 =

195. 164 ÷ 97 =

196. 283 ÷ 1 =

197. 895 ÷ 70 =

198. 646 ÷ 72 =

199. 787 ÷ 98 =

200. 720 ÷ 36 =

201. 510 ÷ 38 =

202. 119 ÷ 34 =

203. 490 ÷ 28 =

204. 327 ÷ 41 =

205. 527 ÷ 37 =

206. 551 ÷ 44 =

207. 842 ÷ 11 =

208. 504 ÷ 67 =

209. 441 ÷ 78 =

210. 213 ÷ 85 =

211. 722 ÷ 84 =

212. 394 ÷ 2 =

213. 530 ÷ 50 =

214. 289 ÷ 38 =

215. 929 ÷ 80 =

216. 693 ÷ 8 =

* Note: The remainder is the decimal or fraction. Therefore, write your remainder as a fraction.

CHAPTER 10   Name:_____

Horizontal Division Using Up-To Three Digits
(write the answers as mixed numbers or whole numbers)

217. 397 ÷ 53 =

218. 764 ÷ 25 =

219. 232 ÷ 67 =

220. 250 ÷ 80 =

221. 845 ÷ 5 =

222. 301 ÷ 93 =

223. 455 ÷ 68 =

224. 899 ÷ 94 =

225. 833 ÷ 83 =

226. 301 ÷ 18 =

227. 356 ÷ 33 =

228. 676 ÷ 29 =

229. 969 ÷ 8 =

230. 868 ÷ 76 =

231. 569 ÷ 54 =

232. 406 ÷ 11 =

233. 947 ÷ 82 =

234. 293 ÷ 55 =

235. 302 ÷ 19 =

236. 587 ÷ 41 =

237. 156 ÷ 72 =

238. 921 ÷ 73 =

239. 141 ÷ 68 =

240. 616 ÷ 30 =

* Note: The remainder is the decimal or fraction. Therefore, write your remainder as a fraction.

EXAMPLES CHAPTER 11

Give The Answers As Fractions In Lowest Terms

1. $16\overline{)13} = 13/16$

   Answer: 13/16

2. $17\overline{)43} = 2\ 9/17$

   Answer: 2 9/17

3. $12\overline{)29} = 2\ 5/12$

   Answer: 2 5/12

4. $17\overline{)34} = 2$

   Answer: 2

5. $13\overline{)36} = 2\ 10/13$

   Answer: 2 10/13

6. $6\overline{)28} = 4\ 2/3$

   Answer: 4 2/3

7. $6 \div 12 = 1/2$

8. $9 \div 23 = 9/23$

9. $5 \div 17 = 5/17$

10. $12 \div 17 = 12/17$

11. $4 \div 10 = 2/5$

To get your fraction, take the divident and place as the numerator and place the divisor in the bottom as the denominator. Then reduce to Lowest Terms.

EXAMPLE:

$$5\overline{)9} = 1\ 4/5$$
$$-5$$
$$\overline{\ \ 4}$$

Answer: 1 4/5

129

CHAPTER 11 PROGRESS Name: _____

(*Graph how many minutes it took you to complete each page)
*use color pencils or color markers to graph your progress.

Number of minutes to complete each page

Page Number	page 131	page 132	page 133	page 134	page 135	page 136	page 137	page 138	page 139	page 140

CHAPTER 11

Name: _____

Give The Answers As Fractions In Lowest Terms

1. 2⟌5

2. 3⟌50

3. 16⟌20

4. 17⟌40

5. 17⟌13

6. 20⟌3

7. 20⟌36

8. 19⟌19

9. 25⟌27

10. 10⟌39

11. 16⟌2

12. 6⟌15

13. 8 ÷ 8 =

14. 5 ÷ 18 =

15. 7 ÷ 14 =

16. 7 ÷ 6 =

17. 12 ÷ 11 =

18. 12 ÷ 24 =

19. 6 ÷ 16 =

20. 4 ÷ 5 =

21. 10 ÷ 20 =

22. 5 ÷ 13 =

23. 1 ÷ 22 =

24. 1 ÷ 20 =

CHAPTER 11

Give The Answers As Fractions In Lowest Terms

Name: _____

25. 24 ⟌ 15

26. 15 ⟌ 14

27. 2 ⟌ 45

28. 4 ⟌ 9

29. 7 ⟌ 19

30. 3 ⟌ 48

31. 12 ⟌ 5

32. 4 ⟌ 6

33. 16 ⟌ 5

34. 17 ⟌ 45

35. 6 ⟌ 4

36. 14 ⟌ 30

37. 5 ÷ 14 =

38. 2 ÷ 2 =

39. 5 ÷ 11 =

40. 12 ÷ 19 =

41. 8 ÷ 7 =

42. 12 ÷ 4 =

43. 1 ÷ 9 =

44. 5 ÷ 8 =

45. 8 ÷ 21 =

46. 9 ÷ 20 =

47. 12 ÷ 1 =

48. 11 ÷ 8 =

CHAPTER 11
Give The Answers As Fractions In Lowest Terms

Name:_____

49. 3)‾18‾

50. 24)‾38‾

51. 12)‾40‾

52. 12)‾6‾

53. 13)‾12‾

54. 15)‾37‾

55. 5)‾47‾

56. 13)‾16‾

57. 17)‾19‾

58. 4)‾32‾

59. 8)‾47‾

60. 15)‾38‾

61. 7 ÷ 20 =

62. 4 ÷ 2 =

63. 3 ÷ 22 =

64. 9 ÷ 23 =

65. 5 ÷ 13 =

66. 7 ÷ 5 =

67. 8 ÷ 8 =

68. 11 ÷ 15 =

69. 6 ÷ 23 =

70. 5 ÷ 24 =

71. 5 ÷ 23 =

72. 1 ÷ 22 =

CHAPTER 11
Give The Answers As Fractions In Lowest Terms

Name:_____

73. 22)19

74. 13)11

75. 17)36

76. 15)17

77. 9)14

78. 20)2

79. 9)40

80. 3)10

81. 21)29

82. 15)30

83. 24)47

84. 7)21

85. 8 ÷ 9 =

86. 4 ÷ 11 =

87. 4 ÷ 19 =

88. 7 ÷ 18 =

89. 9 ÷ 9 =

90. 9 ÷ 22 =

91. 12 ÷ 18 =

92. 1 ÷ 1 =

93. 6 ÷ 4 =

94. 7 ÷ 18 =

95. 2 ÷ 20 =

96. 8 ÷ 6 =

CHAPTER 11
Give The Answers As Fractions In Lowest Terms

Name:_____

97. 9)26̄

92 3)4̄

99. 23)14̄

100. 24)50̄

101. 8)28̄

102. 16)28̄

103. 14)21̄

104. 9)30̄

105. 23)20̄

106. 9)19̄

107. 19)28̄

108. 7)33̄

109. 8 ÷ 15 =

110. 9 ÷ 2 =

111. 3 ÷ 19 =

112. 4 ÷ 6 =

113. 12 ÷ 14 =

114. 9 ÷ 22 =

115. 11 ÷ 24 =

116. 10 ÷ 2 =

117. 10 ÷ 9 =

118. 12 ÷ 9 =

119. 6 ÷ 22 =

120. 8 ÷ 15 =

CHAPTER 11
Give The Answers As Fractions In Lowest Terms

Name: _____

121. 17⟌18

122. 19⟌7

123. 7⟌33

124. 8⟌23

125. 20⟌6

126. 7⟌32

127. 8⟌19

128. 19⟌37

129. 19⟌30

130. 24⟌15

131. 20⟌5

132. 9⟌40

133. 11 ÷ 23 =

134. 2 ÷ 14 =

135. 7 ÷ 24 =

136. 5 ÷ 16 =

137. 11 ÷ 12 =

138. 11 ÷ 8 =

139. 1 ÷ 4 =

140. 1 ÷ 4 =

141. 10 ÷ 2 =

142. 8 ÷ 6 =

143. 6 ÷ 11 =

144. 11 ÷ 11 =

CHAPTER 11
Give The Answers As Fractions In Lowest Terms

Name:_____

145. 9 ⟌ 7

146. 17 ⟌ 9

147. 22 ⟌ 40

148. 7 ⟌ 46

149. 9 ⟌ 20

150. 5 ⟌ 11

151. 24 ⟌ 21

152. 11 ⟌ 2

153. 23 ⟌ 42

154. 7 ⟌ 3

155. 18 ⟌ 46

156. 17 ⟌ 6

157. 10 ÷ 24 =

158. 3 ÷ 1 =

159. 9 ÷ 10 =

160. 4 ÷ 23 =

161. 1 ÷ 17 =

162. 7 ÷ 14 =

163. 2 ÷ 15 =

164. 2 ÷ 12 =

165. 2 ÷ 23 =

166. 1 ÷ 2 =

167. 4 ÷ 1 =

168. 3 ÷ 11 =

CHAPTER 11
Give The Answers As Fractions In Lowest Terms

Name: _____

169. 13)5̄

170. 17)1̄9̄

171. 22)2̄4̄

172. 22)2̄

173. 18)1̄7̄

174. 22)2̄3̄

175. 21)4̄7̄

176. 2)9̄

177. 12)1̄7̄

178. 24)4̄3̄

179. 15)2̄0̄

180. 8)4̄3̄

181. 7 ÷ 10 =

182. 3 ÷ 2 =

183. 9 ÷ 1 =

184. 11 ÷ 13 =

185. 4 ÷ 9 =

186. 3 ÷ 13 =

187. 2 ÷ 13 =

188. 12 ÷ 22 =

189. 7 ÷ 1 =

190. 4 ÷ 21 =

191. 9 ÷ 3 =

192. 11 ÷ 5 =

CHAPTER 11

Give The Answers As Fractions In Lowest Terms

Name: _____

193. 16)‾19‾

194. 25)‾18‾

195. 10)‾9‾

196. 12)‾25‾

197. 18)‾19‾

198. 24)‾17‾

199. 21)‾24‾

200. 12)‾16‾

201. 17)‾14‾

202. 23)‾12‾

203. 17)‾37‾

204. 6)‾13‾

205. 1 ÷ 2 =

206. 4 ÷ 11 =

207. 11 ÷ 9 =

208. 9 ÷ 11 =

209. 2 ÷ 17 =

210. 3 ÷ 9 =

211. 6 ÷ 17 =

212. 4 ÷ 9 =

213. 2 ÷ 17 =

214. 6 ÷ 23 =

215. 12 ÷ 9 =

216. 6 ÷ 1 =

CHAPTER 11
Give The Answers As Fractions In Lowest Terms

Name: _____

217. 14)‾19‾

218. 4)‾8‾

219. 25)‾15‾

220. 9)‾17‾

221. 5)‾45‾

222. 15)‾7‾

223. 13)‾25‾

224. 6)‾2‾

225. 17)‾22‾

226. 16)‾3‾

227. 21)‾26‾

228. 2)‾19‾

229. 7 ÷ 10 =

230. 11 ÷ 16 =

231. 5 ÷ 21 =

232. 5 ÷ 11 =

233. 5 ÷ 14 =

234. 4 ÷ 10 =

235. 2 ÷ 23 =

236. 6 ÷ 8 =

237. 10 ÷ 6 =

238. 10 ÷ 15 =

239. 6 ÷ 24 =

240. 12 ÷ 11 =

EXAMPLES   CHAPTER 12

Give The Answers As Fractions In Lowest Terms

1. $23\overline{)58} = 2\ 12/23$

    Answer: 2 12/23

2. $45\overline{)97} = 2\ 7/45$

    Answer: 2 7/45

3. $18\overline{)46} = 2\ 5/9$

    Answer: 2 5/9

4. $51\overline{)22} = 22/51$

    Answer: 22/51

5. $50\overline{)99} = 1\ 49/50$

    Answer: 1 49/50

6. $69\overline{)87} = 1\ 6/23$

    Answer: 1 6/23

7. $81 \div 77 = 1\ 4/77$

8. $90 \div 30 = 3$

9. $67 \div 62 = 1\ 5/62$

10. $99 \div 87 = 1\ 4/29$

11. $71 \div 43 = 1\ 28/43$

To get your fraction, take the divident and place as the numerator and place the divisor in the bottom as the denominator. Then reduce to Lowest Terms.

EXAMPLE:

$25\overline{)20} = 4/5 = \dfrac{20}{25}$

Answer: 4/5

CHAPTER 12 PROGRESS Name: _____

(*Graph how many minutes it took you to complete each page)
***use color pencils or color markers to graph your progress.**

Number of minutes to complete each page (y-axis: 2, 4, 6, 8, 10, 12, 14, 16, 18, 20)

Page Number	page 143	page 144	page 145	page 146	page 147	page 148	page 149	page 150	page 151	page 152

CHAPTER 12

Give The Answers As Fractions In Lowest Terms

Name:_____

1. 15)87

2. 32)84

3. 72)57

4. 54)72

5. 26)74

6. 14)67

7. 25)19

8. 68)27

9. 10)43

10. 44)39

11. 67)24

12. 68)4

13. 21 ÷ 61 =

14. 6 ÷ 82 =

15. 57 ÷ 77 =

16. 59 ÷ 37 =

17. 72 ÷ 7 =

18. 28 ÷ 27 =

19. 41 ÷ 19 =

20. 15 ÷ 50 =

21. 48 ÷ 10 =

22. 27 ÷ 99 =

23. 44 ÷ 2 =

24. 13 ÷ 10 =

CHAPTER 12
Give The Answers As Fractions In Lowest Terms

Name: _____

25. 47 ⟌ 46

26. 25 ⟌ 39

27. 65 ⟌ 65

28. 99 ⟌ 19

29. 75 ⟌ 6

30. 76 ⟌ 93

31. 58 ⟌ 19

32. 48 ⟌ 11

33. 28 ⟌ 37

34. 87 ⟌ 39

35. 36 ⟌ 76

36. 97 ⟌ 8

37. 5 ÷ 38 =

38. 65 ÷ 4 =

39. 47 ÷ 26 =

40. 33 ÷ 91 =

41. 12 ÷ 19 =

42. 4 ÷ 57 =

43. 54 ÷ 69 =

44. 51 ÷ 56 =

45. 36 ÷ 10 =

46. 82 ÷ 85 =

47. 94 ÷ 48 =

48. 44 ÷ 42 =

CHAPTER 12
Give The Answers As Fractions In Lowest Terms

Name: _____

49. 9)40

50. 69)9

51. 91)64

52. 79)67

53. 85)67

54. 95)36

55. 50)25

56. 23)10

57. 34)32

58. 77)76

59. 98)65

60. 43)76

61. 74 ÷ 91 =

62. 97 ÷ 62 =

63. 2 ÷ 36 =

64. 4 ÷ 44 =

65. 50 ÷ 99 =

66. 67 ÷ 38 =

67. 29 ÷ 65 =

68. 18 ÷ 32 =

69. 65 ÷ 2 =

70. 51 ÷ 91 =

71. 49 ÷ 58 =

72. 78 ÷ 95 =

CHAPTER 12
Give The Answers As Fractions In Lowest Terms

Name:_____

73. 76)63̄

74. 10)94̄

75. 64)43̄

76. 28)19̄

77. 5)39̄

78. 77)90̄

79. 83)86̄

80. 25)75̄

81. 45)26̄

82. 56)6̄

83. 28)39̄

84. 84)3̄

85. 62 ÷ 66 =

86. 81 ÷ 54 =

87. 50 ÷ 64 =

88. 75 ÷ 91 =

89. 8 ÷ 54 =

90. 55 ÷ 84 =

91. 20 ÷ 94 =

92. 88 ÷ 65 =

93. 66 ÷ 93 =

94. 49 ÷ 19 =

95. 60 ÷ 54 =

96. 83 ÷ 35 =

CHAPTER 12

Name: _____

Give The Answers As Fractions In Lowest Terms

97. 44)30

98. 44)64

99. 38)74

100. 77)54

101. 81)83

102. 83)26

103. 92)44

104. 95)96

105. 3)46

106. 35)84

107. 56)64

108. 38)32

109. 58 ÷ 43 =

110. 83 ÷ 62 =

111. 35 ÷ 78 =

112. 21 ÷ 56 =

113. 64 ÷ 30 =

114. 95 ÷ 75 =

115. 75 ÷ 2 =

116. 58 ÷ 1 =

117. 41 ÷ 82 =

118. 59 ÷ 8 =

119. 18 ÷ 90 =

120. 10 ÷ 24 =

CHAPTER 12

Name: _____

Give The Answers As Fractions In Lowest Terms

121. 20⟌17

122. 33⟌42

123. 77⟌85

124. 73⟌66

125. 96⟌21

126. 91⟌70

127. 12⟌3

128. 84⟌86

129. 61⟌96

130. 85⟌85

131. 3⟌88

132. 93⟌89

133. 64 ÷ 68 =

134. 9 ÷ 25 =

135. 33 ÷ 54 =

136. 88 ÷ 18 =

137. 76 ÷ 28 =

138. 24 ÷ 92 =

139. 60 ÷ 3 =

140. 39 ÷ 4 =

141. 45 ÷ 22 =

142. 59 ÷ 15 =

143. 56 ÷ 73 =

144. 26 ÷ 57 =

CHAPTER 12

Name:_____

Give The Answers As Fractions In Lowest Terms

145. 46)78   **157.** 41 ÷ 43 =

146. 50)47   **158.** 29 ÷ 65 =

147. 46)83   **159.** 45 ÷ 95 =

148. 34)21   **160.** 88 ÷ 91 =

149. 63)28   **161.** 85 ÷ 69 =

150. 74)57   **162.** 72 ÷ 63 =

151. 66)90   **163.** 85 ÷ 42 =

152. 92)8   **164.** 52 ÷ 71 =

153. 52)72   **165.** 92 ÷ 42 =

154. 97)35   **166.** 63 ÷ 49 =

155. 49)99   **167.** 17 ÷ 81 =

156. 80)33   **168.** 7 ÷ 49 =

CHAPTER 12

Name:_____

Give The Answers As Fractions In Lowest Terms

169. 70)73̄   **181.** 19 ÷ 84 =

170. 57)79̄   **182.** 29 ÷ 14 =

171. 22)48̄   **183.** 51 ÷ 16 =

172. 25)79̄   **184.** 64 ÷ 35 =

173. 26)57̄   **185.** 53 ÷ 25 =

174. 12)68̄   **186.** 13 ÷ 51 =

175. 40)48̄   **187.** 63 ÷ 11 =

176. 84)94̄   **188.** 75 ÷ 72 =

177. 49)68̄   **189.** 26 ÷ 73 =

178. 96)18̄   **190.** 34 ÷ 62 =

179. 47)25̄   **191.** 73 ÷ 17 =

180. 18)70̄   **192.** 72 ÷ 48 =

CHAPTER 12
Give The Answers As Fractions In Lowest Terms

Name: _____

193. 64)45

194. 20)26

195. 48)46

196. 28)19

197. 51)69

198. 61)47

199. 48)52

200. 49)39

201. 4)25

202. 14)19

203. 53)2

204. 35)57

205. 15 ÷ 16 =

206. 48 ÷ 99 =

207. 74 ÷ 56 =

208. 23 ÷ 60 =

209. 25 ÷ 2 =

210. 15 ÷ 93 =

211. 1 ÷ 4 =

212. 90 ÷ 38 =

213. 15 ÷ 31 =

214. 96 ÷ 67 =

215. 93 ÷ 30 =

216. 53 ÷ 43 =

CHAPTER 12
Give The Answers As Fractions In Lowest Terms

Name:_____

217. 34)2̄

218. 63)5̄3̄

219. 14)8̄2̄

220. 84)4̄2̄

221. 4)9̄4̄

222. 59)9̄2̄

223. 28)7̄1̄

224. 25)4̄3̄

225. 82)6̄5̄

226. 71)4̄9̄

227. 65)6̄9̄

228. 13)9̄3̄

229. 90 ÷ 87 =

230. 56 ÷ 19 =

231. 62 ÷ 70 =

232. 40 ÷ 81 =

233. 30 ÷ 99 =

234. 74 ÷ 97 =

235. 67 ÷ 77 =

236. 25 ÷ 41 =

237. 12 ÷ 92 =

238. 72 ÷ 37 =

239. 15 ÷ 32 =

240. 63 ÷ 34 =

EXAMPLES   CHAPTER 13

Give The Answers As Fractions In Lowest Terms

1. $32\overline{)185} = 5\ 25/32$

    Answer: 5 25/32

2. $59\overline{)727} = 12\ 19/59$

    Answer: 12 19/59

3. $46\overline{)981} = 21\ 15/46$

    Answer: 21 15/46

4. $69\overline{)251} = 3\ 44/69$

    Answer: 3 44/69

5. $31\overline{)966} = 31\ 5/31$

    Answer: 31 5/31

6. $20\overline{)256} = 12\ 4/5$

    Answer: 12 4/5

7. 452 ÷ 37 = 12 8/37

8. 817 ÷ 66 = 12 25/66

9. 871 ÷ 65 = 13 2/5

10. 226 ÷ 46 = 4 21/23

11. 418 ÷ 29 = 14 12/29

To get your fraction, take the divident and place as the numerator and place the divisor in the bottom as the denominator. Then reduce to Lowest Terms.

EXAMPLE:

$7\overline{)12} = 1\ 5/7$
$-\ 7$
$\overline{\ \ 5}$

Answer: 1 5/7

CHAPTER 13 PROGRESS   Name: _____

(*Graph how many minutes it took you to complete each page)
*use color pencils or color markers to graph your progress.

Number of minutes to complete each page

Page Number	page 155	page 156	page 157	page 158	page 159	page 160	page 161	page 162	page 163	page 164

CHAPTER 13

Name: _____

Give The Answers As Fractions In Lowest Terms

1. 37) 109

2. 2) 111

3. 94) 932

4. 90) 496

5. 93) 696

6. 59) 651

7. 82) 911

8. 18) 499

9. 21) 967

10. 64) 612

11. 32) 596

12. 2) 266

13. 818 ÷ 13 =

14. 558 ÷ 58 =

15. 887 ÷ 14 =

16. 228 ÷ 6 =

17. 910 ÷ 59 =

18. 235 ÷ 17 =

19. 384 ÷ 9 =

20. 442 ÷ 31 =

21. 354 ÷ 64 =

22. 727 ÷ 90 =

23. 777 ÷ 42 =

24. 428 ÷ 61 =

CHAPTER 13
Give The Answers As Fractions In Lowest Terms

Name:_____

25. 65)184

26. 1)658

27. 43)641

28. 25)449

29. 7)819

30. 78)571

31. 65)486

32. 47)962

33. 81)647

34. 77)145

35. 68)637

36. 43)369

37. 648 ÷ 56 =

38. 215 ÷ 86 =

39. 221 ÷ 75 =

40. 863 ÷ 16 =

41. 859 ÷ 83 =

42. 395 ÷ 54 =

43. 425 ÷ 38 =

44. 736 ÷ 3 =

45. 782 ÷ 23 =

46. 440 ÷ 56 =

47. 509 ÷ 9 =

48. 576 ÷ 85 =

CHAPTER 13
Give The Answers As Fractions In Lowest Terms

Name:_____

49. 45⟌221

50. 57⟌344

51. 90⟌769

52. 14⟌695

53. 14⟌777

54. 66⟌395

55. 81⟌847

56. 44⟌111

57. 14⟌353

58. 66⟌178

59. 6⟌577

60. 26⟌571

61. 436 ÷ 45 =

62. 286 ÷ 19 =

63. 303 ÷ 81 =

64. 228 ÷ 93 =

65. 792 ÷ 24 =

66. 243 ÷ 5 =

67. 414 ÷ 94 =

68. 226 ÷ 41 =

69. 261 ÷ 23 =

70. 265 ÷ 84 =

71. 167 ÷ 62 =

72. 152 ÷ 58 =

CHAPTER 13
Give The Answers As Fractions In Lowest Terms

Name: _____

73. 94 ⟌ 475

74. 10 ⟌ 897

75. 14 ⟌ 994

76. 45 ⟌ 937

77. 26 ⟌ 318

78. 99 ⟌ 804

79. 68 ⟌ 605

80. 42 ⟌ 840

81. 38 ⟌ 646

82. 47 ⟌ 249

83. 64 ⟌ 853

84. 23 ⟌ 910

85. 902 ÷ 88 =

86. 311 ÷ 32 =

87. 728 ÷ 93 =

88. 342 ÷ 5 =

89. 542 ÷ 85 =

90. 123 ÷ 83 =

91. 171 ÷ 14 =

92. 490 ÷ 25 =

93. 923 ÷ 48 =

94. 660 ÷ 57 =

95. 202 ÷ 37 =

96. 336 ÷ 39 =

CHAPTER 13
Give The Answers As Fractions In Lowest Terms

Name:_____

97. 51) 484

109. 530 ÷ 40 =

92 42) 481

110. 611 ÷ 54 =

99. 9) 312

111. 814 ÷ 71 =

100. 16) 100

112. 259 ÷ 81 =

101. 37) 601

113. 943 ÷ 96 =

102. 17) 448

114. 121 ÷ 44 =

103. 31) 408

115. 341 ÷ 89 =

104. 34) 660

116. 141 ÷ 93 =

105. 67) 933

117. 116 ÷ 67 =

106. 29) 757

118. 990 ÷ 96 =

107. 59) 138

119. 436 ÷ 35 =

108. 93) 970

120. 646 ÷ 98 =

CHAPTER 13

Name:_____

Give The Answers As Fractions In Lowest Terms

121. 81)866

122. 48)179

123. 69)341

124. 29)911

125. 30)887

126. 58)255

127. 53)342

128. 17)905

129. 73)120

130. 44)367

131. 46)235

132. 12)137

133. 877 ÷ 23 =

134. 842 ÷ 29 =

135. 757 ÷ 70 =

136. 559 ÷ 65 =

137. 850 ÷ 8 =

138. 649 ÷ 25 =

139. 695 ÷ 38 =

140. 203 ÷ 73 =

141. 204 ÷ 53 =

142. 186 ÷ 25 =

143. 906 ÷ 9 =

144. 254 ÷ 45 =

CHAPTER 13
Give The Answers As Fractions In Lowest Terms

Name:_____

145. 24)441

146. 83)441

147. 24)416

148. 56)804

149. 57)309

150. 16)869

151. 70)184

152. 93)504

153. 34)585

154. 99)222

155. 31)178

156. 29)669

157. 443 ÷ 13 =

158. 308 ÷ 27 =

159. 132 ÷ 54 =

160. 582 ÷ 35 =

161. 377 ÷ 29 =

162. 438 ÷ 2 =

163. 178 ÷ 53 =

164. 142 ÷ 33 =

165. 137 ÷ 35 =

166. 716 ÷ 2 =

167. 208 ÷ 22 =

168. 496 ÷ 14 =

CHAPTER 13
Give The Answers As Fractions In Lowest Terms

Name: _____

169. 41 ⟌ 326

170. 32 ⟌ 709

171. 58 ⟌ 994

172. 79 ⟌ 880

173. 81 ⟌ 768

174. 33 ⟌ 485

175. 99 ⟌ 735

176. 91 ⟌ 334

177. 37 ⟌ 566

178. 77 ⟌ 123

179. 65 ⟌ 318

180. 91 ⟌ 389

181. 408 ÷ 59 =

182. 224 ÷ 32 =

183. 650 ÷ 1 =

184. 940 ÷ 20 =

185. 245 ÷ 97 =

186. 878 ÷ 78 =

187. 207 ÷ 34 =

188. 532 ÷ 76 =

189. 652 ÷ 21 =

190. 388 ÷ 14 =

191. 216 ÷ 4 =

192. 988 ÷ 43 =

CHAPTER 13
Give The Answers As Fractions In Lowest Terms

Name: _____

193. 40) 112

194. 60) 565

195. 45) 496

196. 68) 479

197. 44) 156

198. 18) 782

199. 83) 188

200. 92) 933

201. 21) 134

202. 53) 382

203. 68) 440

204. 91) 505

205. 612 ÷ 51 =

206. 450 ÷ 57 =

207. 265 ÷ 45 =

208. 871 ÷ 28 =

209. 722 ÷ 54 =

210. 610 ÷ 86 =

211. 425 ÷ 99 =

212. 495 ÷ 84 =

213. 899 ÷ 57 =

214. 423 ÷ 46 =

215. 502 ÷ 70 =

216. 956 ÷ 12 =

CHAPTER 13
Give The Answers As Fractions In Lowest Terms

Name: _____

217. 50)497

218. 74)378

219. 56)182

220. 3)772

221. 70)973

222. 56)851

223. 38)730

224. 92)848

225. 52)374

226. 41)164

227. 36)783

228. 4)547

229. 143 ÷ 3 =

230. 388 ÷ 54 =

231. 658 ÷ 97 =

232. 529 ÷ 95 =

233. 763 ÷ 50 =

234. 622 ÷ 34 =

235. 495 ÷ 31 =

236. 574 ÷ 19 =

237. 687 ÷ 65 =

238. 683 ÷ 2 =

239. 374 ÷ 89 =

240. 427 ÷ 31 =

EXAMPLES CHAPTER 14

Give The Answers As Fractions In Lowest Terms

1. 514) 249/514 ⟶ 249

   Answer: 249/514

2. 892) 579/892 ⟶ 579

   Answer: 579/892

3. 675) 124/135 ⟶ 620

   Answer: 124/135

4. 465) 1 66/155 ⟶ 663

   Answer: 1 66/155

5. 139) 5 130/139 ⟶ 825

   Answer: 5 130/139

6. 101) 9 32/101 ⟶ 941

   Answer: 9 32/101

7. 569 ÷ 501 = 1 68/501

8. 202 ÷ 385 = 202/385

9. 819 ÷ 713 = 1 106/713

10. 732 ÷ 820 = 183/205

11. 862 ÷ 154 = 5 46/77

To get your fraction, take the divident and place as the numerator and place the divisor in the bottom as the denominator. Then reduce to Lowest Terms.

EXAMPLE:

$$250 \overline{)900} \quad \begin{array}{c} 3 \ 3/5 \\ -750 \\ \hline 150 \end{array} = \frac{150}{250} = \frac{15}{25}$$

Answer: 3 3/5

CHAPTER 14 PROGRESS   Name: _____

(*Graph how many minutes it took you to complete each page)
*use color pencils or color markers to graph your progress.

Number of minutes to complete each page

Page Number	page 167	page 168	page 169	page 170	page 171	page 172	page 173	page 174	page 175	page 176

CHAPTER 14
Give The Answers As Fractions In Lowest Terms

Name:_____

1. 609⟌164

2. 641⟌476

3. 899⟌475

4. 636⟌993

5. 314⟌176

6. 146⟌511

7. 842⟌248

8. 792⟌441

9. 347⟌509

10. 345⟌448

11. 798⟌263

12. 140⟌378

13. 499 ÷ 950 =

14. 286 ÷ 604 =

15. 488 ÷ 803 =

16. 480 ÷ 168 =

17. 566 ÷ 732 =

18. 606 ÷ 612 =

19. 255 ÷ 748 =

20. 111 ÷ 703 =

21. 749 ÷ 549 =

22. 855 ÷ 109 =

23. 126 ÷ 948 =

24. 348 ÷ 155 =

CHAPTER 14
Give The Answers As Fractions In Lowest Terms

Name: _____

25. 165) 812   37. 370 ÷ 606 =

26. 416) 886   38. 602 ÷ 153 =

27. 673) 310   39. 594 ÷ 267 =

28. 659) 402   40. 705 ÷ 634 =

29. 668) 487   41. 773 ÷ 943 =

30. 880) 709   42. 133 ÷ 438 =

31. 836) 990   43. 482 ÷ 379 =

32. 288) 842   44. 191 ÷ 963 =

33. 365) 138   45. 541 ÷ 706 =

34. 279) 107   46. 919 ÷ 185 =

35. 858) 327   47. 735 ÷ 429 =

36. 140) 737   48. 864 ÷ 176 =

CHAPTER 14
Give The Answers As Fractions In Lowest Terms

Name:_____

49. 789 ÷ 682

50. 397 ÷ 438

51. 364 ÷ 934

52. 704 ÷ 389

53. 792 ÷ 917

54. 649 ÷ 532

55. 407 ÷ 311

56. 785 ÷ 486

57. 147 ÷ 285

58. 332 ÷ 988

59. 590 ÷ 330

60. 676 ÷ 140

61. 518 ÷ 877 =

62. 560 ÷ 159 =

63. 856 ÷ 109 =

64. 351 ÷ 234 =

65. 591 ÷ 961 =

66. 723 ÷ 546 =

67. 461 ÷ 932 =

68. 126 ÷ 651 =

69. 439 ÷ 331 =

70. 929 ÷ 499 =

71. 930 ÷ 984 =

72. 184 ÷ 860 =

CHAPTER 14
Give The Answers As Fractions In Lowest Terms

Name: _____

73. 597 ⟌ 812

74. 992 ⟌ 890

75. 129 ⟌ 960

76. 146 ⟌ 560

77. 198 ⟌ 263

78. 633 ⟌ 328

79. 243 ⟌ 163

80. 532 ⟌ 924

81. 284 ⟌ 641

82. 221 ⟌ 191

83. 404 ⟌ 254

84. 140 ⟌ 520

85. 142 ÷ 159 =

86. 736 ÷ 784 =

87. 903 ÷ 703 =

88. 983 ÷ 804 =

89. 593 ÷ 134 =

90. 709 ÷ 874 =

91. 719 ÷ 484 =

92. 933 ÷ 845 =

93. 617 ÷ 611 =

94. 549 ÷ 924 =

95. 343 ÷ 149 =

96. 262 ÷ 664 =

CHAPTER 14
Name:_____

Give The Answers As Fractions In Lowest Terms

97. 959⟌916   **109.** 894 ÷ 835 =

92 778⟌333   **110.** 174 ÷ 593 =

99. 945⟌303   **111.** 189 ÷ 988 =

100. 716⟌538   **112.** 325 ÷ 556 =

101. 337⟌643   **113.** 965 ÷ 763 =

102. 926⟌340   **114.** 919 ÷ 625 =

103. 400⟌615   **115.** 179 ÷ 225 =

104. 904⟌449   **116.** 846 ÷ 829 =

105. 376⟌848   **117.** 759 ÷ 223 =

106. 602⟌374   **118.** 894 ÷ 115 =

107. 907⟌645   **119.** 764 ÷ 416 =

108. 140⟌416   **120.** 164 ÷ 328 =

CHAPTER 14
Give The Answers As Fractions In Lowest Terms

Name: _____

121. 426 ÷ 664

122. 772 ÷ 292

123. 807 ÷ 716

124. 457 ÷ 197

125. 345 ÷ 170

126. 252 ÷ 103

127. 363 ÷ 407

128. 464 ÷ 864

129. 657 ÷ 725

130. 924 ÷ 773

131. 817 ÷ 569

132. 674 ÷ 140

133. 332 ÷ 526 =

134. 794 ÷ 620 =

135. 750 ÷ 233 =

136. 921 ÷ 950 =

137. 598 ÷ 148 =

138. 219 ÷ 205 =

139. 701 ÷ 793 =

140. 874 ÷ 589 =

141. 125 ÷ 464 =

142. 594 ÷ 489 =

143. 314 ÷ 157 =

144. 896 ÷ 887 =

CHAPTER 14
Give The Answers As Fractions In Lowest Terms

Name:_____

145. 513 ⟌ 765

146. 309 ⟌ 580

147. 548 ⟌ 245

148. 182 ⟌ 267

149. 892 ⟌ 455

150. 955 ⟌ 517

151. 403 ⟌ 991

152. 170 ⟌ 649

153. 246 ⟌ 604

154. 394 ⟌ 887

155. 116 ⟌ 847

156. 140 ⟌ 253

157. 431 ÷ 126 =

158. 542 ÷ 152 =

159. 320 ÷ 288 =

160. 725 ÷ 392 =

161. 256 ÷ 819 =

162. 811 ÷ 107 =

163. 570 ÷ 403 =

164. 286 ÷ 161 =

165. 764 ÷ 220 =

166. 654 ÷ 544 =

167. 498 ÷ 468 =

168. 194 ÷ 611 =

CHAPTER 14
Give The Answers As Fractions In Lowest Terms

169. 936 ⟌ 386

170. 117 ⟌ 960

171. 753 ⟌ 801

172. 280 ⟌ 975

173. 607 ⟌ 258

174. 542 ⟌ 944

175. 464 ⟌ 387

176. 284 ⟌ 683

177. 631 ⟌ 350

178. 640 ⟌ 166

179. 206 ⟌ 382

180. 140 ⟌ 640

181. 151 ÷ 892 =

182. 491 ÷ 130 =

183. 758 ÷ 129 =

184. 772 ÷ 370 =

185. 970 ÷ 184 =

186. 410 ÷ 950 =

187. 509 ÷ 680 =

188. 592 ÷ 120 =

189. 495 ÷ 404 =

190. 328 ÷ 833 =

191. 939 ÷ 439 =

192. 737 ÷ 996 =

CHAPTER 14

Name:_____

Give The Answers As Fractions In Lowest Terms

193. 622⟌213

194. 565⟌580

195. 481⟌287

196. 974⟌551

197. 227⟌507

198. 887⟌156

199. 554⟌757

200. 384⟌107

201. 566⟌941

202. 213⟌749

203. 979⟌483

204. 140⟌638

205. 618 ÷ 511 =

206. 368 ÷ 599 =

207. 811 ÷ 238 =

208. 667 ÷ 342 =

209. 579 ÷ 965 =

210. 716 ÷ 403 =

211. 337 ÷ 935 =

212. 828 ÷ 915 =

213. 968 ÷ 893 =

214. 719 ÷ 909 =

215. 476 ÷ 896 =

216. 723 ÷ 845 =

CHAPTER 14
Give The Answers As Fractions In Lowest Terms

217. 743 ⟌ 345

218. 906 ⟌ 826

219. 415 ⟌ 318

220. 688 ⟌ 275

221. 448 ⟌ 638

222. 792 ⟌ 848

223. 925 ⟌ 101

224. 177 ⟌ 456

225. 577 ⟌ 343

226. 968 ⟌ 716

227. 988 ⟌ 969

228. 140 ⟌ 442

229. 347 ÷ 692 =

230. 431 ÷ 504 =

231. 277 ÷ 197 =

232. 283 ÷ 218 =

233. 763 ÷ 984 =

234. 828 ÷ 758 =

235. 559 ÷ 420 =

236. 400 ÷ 761 =

237. 584 ÷ 941 =

238. 790 ÷ 749 =

239. 322 ÷ 883 =

240. 523 ÷ 979 =

EXAMPLES CHAPTER 15

Divide The Negative & Positive Numbers To The Tenth Decimal Place

1. $-3 \overline{)-25} = 8.3$

    Answer: 8.3

2. $-24 \overline{)-1} = 0.0$

    Answer: 0.0

3. $-16 \overline{)-30} = 1.9$

    Answer: 1.9

4. $-21 \overline{)2} = -0.1$

    Answer: -0.1

5. $-22 \overline{)-76} = 3.5$

    Answer: 3.5

6. $-18 \overline{)-30} = 1.7$

    Answer: 1.7

7. $19 \div -5 = -3.8$

8. $-39 \div -20 = 2.0$

9. $-42 \div -9 = 4.7$

10. $-41 \div -18 = 2.3$

11. $-67 \div -12 = 5.6$

To get your fraction, take the divident and place as the numerator and place the divisor in the bottom as the denominator. Then reduce to Lowest Terms.

EXAMPLE:

$-25 \overline{)-9.00} = 0.36$
$- 75$
150
$- 150$
0

Answer: 0.4

CHAPTER 15 PROGRESS   Name:_____

(*Graph how many minutes it took you to complete each page)
*use color pencils or color markers to graph your progress.

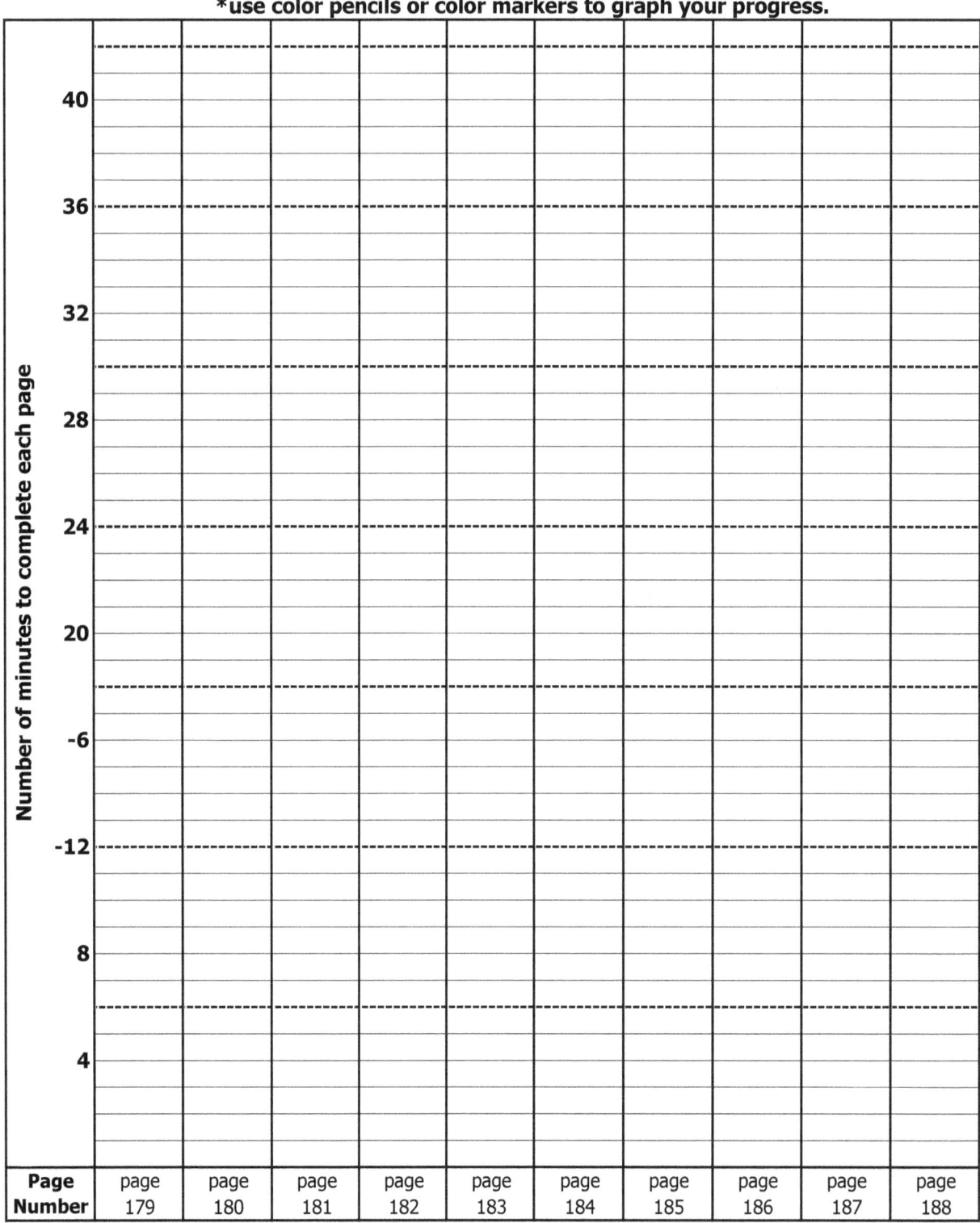

CHAPTER 15
Divide The Negative & Positive Numbers To The Tenth Decimal Place

Name:_____

1. -8 | -7
2. -4 | 32
3. -12 | -79
4. -14 | -19
5. -3 | 49
6. -25 | 49
7. -11 | -23
8. -17 | 37
9. -15 | 20
10. -14 | -91
11. -24 | -47
12. -25 | -66

13. -62 ÷ -18 =
14. -6 ÷ -3 =
15. -12 ÷ -5 =
16. 33 ÷ -3 =
17. -47 ÷ -10 =
18. 17 ÷ -21 =
19. 44 ÷ -2 =
20. 46 ÷ -9 =
21. -34 ÷ -23 =
22. -39 ÷ -9 =
23. 1 ÷ -25 =
24. -14 ÷ -7 =

CHAPTER 15

Name:_____

Divide The Negative & Positive Numbers To The Tenth Decimal Place

25. -6) 2

26. -3) -81

27. -8) -94

28. -24) -67

29. -25) -24

30. -7) 4

31. -10) -18

32. -23) -49

33. -7) -11

34. -21) -70

35. -11) 16

36. -12) -21

37. 39 ÷ -14 =

38. 0 ÷ -20 =

39. 1 ÷ -10 =

40. 33 ÷ -18 =

41. -21 ÷ -19 =

42. -99 ÷ -24 =

43. 31 ÷ -9 =

44. -23 ÷ -19 =

45. -96 ÷ -9 =

46. 35 ÷ -12 =

47. 7 ÷ -6 =

48. 17 ÷ -19 =

CHAPTER 15
Divide The Negative & Positive Numbers To The Tenth Decimal Place

Name:_____

49.   -13 ⟌ -7

50.   -2 ⟌ -65

51.   -10 ⟌ -76

52.   -23 ⟌ -58

53.   -15 ⟌ -8

54.   -19 ⟌ 8

55.   -9 ⟌ -57

56.   -16 ⟌ -10

57.   -5 ⟌ 43

58.   -15 ⟌ -91

59.   -25 ⟌ -30

60.   -17 ⟌ 14

61.   31 ÷ -25 =

62.   -75 ÷ -21 =

63.   -81 ÷ -8 =

64.   -35 ÷ -18 =

65.   -18 ÷ -4 =

66.   -6 ÷ -10 =

67.   40 ÷ -7 =

68.   -29 ÷ -4 =

69.   28 ÷ -14 =

70.   -49 ÷ -13 =

71.   -79 ÷ -20 =

72.   49 ÷ -5 =

CHAPTER 15

Name: _____

Divide The Negative & Positive Numbers To The Tenth Decimal Place

73. -20 | -96

74. -21 | -98

75. -8 | -29

76. -22 | 41

77. -2 | -63

78. -13 | -27

79. -14 | -83

80. -5 | -7

81. -3 | -79

82. -18 | -86

83. -21 | -11

84. -6 | 5

85. -71 ÷ -18 =

86. 1 ÷ -12 =

87. -48 ÷ -4 =

88. -96 ÷ -7 =

89. -28 ÷ -4 =

90. -91 ÷ -14 =

91. 46 ÷ -7 =

92. 21 ÷ -7 =

93. -65 ÷ -4 =

94. -40 ÷ -15 =

95. -44 ÷ -10 =

96. -18 ÷ -19 =

CHAPTER 15

Name:_____

Divide The Negative & Positive Numbers To The Tenth Decimal Place

97. $-15\overline{)-36}$

92 $-6\overline{)-22}$

99. $-10\overline{)-83}$

100. $-19\overline{)15}$

101. $-21\overline{)-39}$

102. $-23\overline{)25}$

103. $-4\overline{)22}$

104. $-3\overline{)50}$

105. $-21\overline{)-27}$

106. $-14\overline{)-90}$

107. $-7\overline{)-6}$

108. $-2\overline{)-64}$

109. $-48 \div -13 =$

110. $29 \div -18 =$

111. $-25 \div -19 =$

112. $-52 \div -2 =$

113. $-90 \div -17 =$

114. $-52 \div -17 =$

115. $-87 \div -24 =$

116. $-43 \div -18 =$

117. $44 \div -23 =$

118. $18 \div -7 =$

119. $-20 \div -16 =$

120. $-16 \div -11 =$

CHAPTER 15
Divide The Negative & Positive Numbers To The Tenth Decimal Place

Name:_____

121. $-22\overline{)0}$

122. $-14\overline{)-47}$

123. $-25\overline{)1}$

124. $-21\overline{)-48}$

125. $-5\overline{)-34}$

126. $-18\overline{)24}$

127. $-4\overline{)-94}$

128. $-21\overline{)45}$

129. $-8\overline{)-67}$

130. $-17\overline{)-14}$

131. $-23\overline{)20}$

132. $-12\overline{)40}$

133. 13 ÷ -5 =

134. -13 ÷ -20 =

135. -85 ÷ -6 =

136. -51 ÷ -20 =

137. -36 ÷ -11 =

138. -90 ÷ -13 =

139. 45 ÷ -25 =

140. 25 ÷ -1 =

141. 17 ÷ -9 =

142. 7 ÷ -17 =

143. -16 ÷ -16 =

144. -21 ÷ -21 =

CHAPTER 15

Name:_____

Divide The Negative & Positive Numbers To The Tenth Decimal Place

145. -25 ⟌ -68

146. -8 ⟌ -73

147. -3 ⟌ 34

148. -23 ⟌ 30

149. -2 ⟌ -14

150. -1 ⟌ 11

151. -25 ⟌ -76

152. -16 ⟌ -27

153. -11 ⟌ -95

154. -2 ⟌ -52

155. -9 ⟌ -71

156. -22 ⟌ -75

157. 33 ÷ -10 =

158. -3 ÷ -9 =

159. -73 ÷ -3 =

160. -80 ÷ -15 =

161. -48 ÷ -10 =

162. -4 ÷ -5 =

163. -5 ÷ -8 =

164. 28 ÷ -13 =

165. 31 ÷ -6 =

166. -4 ÷ -7 =

167. -39 ÷ -8 =

168. 7 ÷ -3 =

CHAPTER 15
Divide The Negative & Positive Numbers To The Tenth Decimal Place

Name:_____

169. -19 ⟌ -71

170. -5 ⟌ -88

171. -19 ⟌ -17

172. -2 ⟌ -59

173. -20 ⟌ 35

174. -2 ⟌ -1

175. -22 ⟌ 38

176. -25 ⟌ -74

177. -4 ⟌ 32

178. -14 ⟌ -7

179. -11 ⟌ 2

180. -22 ⟌ -30

181. -18 ÷ -12 =

182. -95 ÷ -4 =

183. -71 ÷ -6 =

184. -50 ÷ -19 =

185. -95 ÷ -13 =

186. -76 ÷ -4 =

187. -75 ÷ -1 =

188. -8 ÷ -9 =

189. -65 ÷ -13 =

190. -7 ÷ -11 =

191. 41 ÷ -25 =

192. 36 ÷ -23 =

CHAPTER 15

Name: _____

Divide The Negative & Positive Numbers To The Tenth Decimal Place

193. -3 ⟌ -53

194. -18 ⟌ -28

195. -21 ⟌ -77

196. -4 ⟌ -19

197. -24 ⟌ -3

198. -5 ⟌ 45

199. -20 ⟌ -89

200. -17 ⟌ -95

201. -15 ⟌ -14

202. -20 ⟌ -38

203. -17 ⟌ 31

204. -7 ⟌ 25

205. -78 ÷ -2 =

206. -39 ÷ -20 =

207. -74 ÷ -18 =

208. -96 ÷ -15 =

209. 46 ÷ -22 =

210. -83 ÷ -22 =

211. 45 ÷ -8 =

212. 23 ÷ -14 =

213. -45 ÷ -23 =

214. 42 ÷ -18 =

215. 32 ÷ -15 =

216. -40 ÷ -6 =

CHAPTER 15
Divide The Negative & Positive Numbers To The Tenth Decimal Place

Name: _____

217. -20 | -58

218. -2 | -67

219. -11 | 23

220. -10 | 17

221. -1 | -58

222. -24 | 19

223. -14 | 29

224. -24 | -46

225. -14 | -8

226. -21 | -75

227. -8 | -48

228. -3 | -38

229. -11 ÷ -19 =

230. -79 ÷ -8 =

231. 11 ÷ -4 =

232. -85 ÷ -8 =

233. -60 ÷ -16 =

234. -18 ÷ -12 =

235. 41 ÷ -11 =

236. -70 ÷ -21 =

237. -15 ÷ -5 =

238. -90 ÷ -3 =

239. -73 ÷ -7 =

240. 24 ÷ -1 =

ANSWERS

Divide By One Digit Number Rounded to Nearest Whole Number

#	Ans	#	Ans	#	Ans	#	Ans	#	Ans
1.	10	51.	4	101.	3	151.	60	201.	25
2.	46	52.	20	102.	16	152.	10	202.	42
3.	10	53.	24	103.	2	153.	4	203.	2
4.	10	54.	33	104.	53	154.	36	204.	7
5.	6	55.	16	105.	24	155.	61	205.	5
6.	15	56.	94	106.	23	156.	4	206.	9
7.	3	57.	29	107.	28	157.	14	207.	3
8.	11	58.	17	108.	10	158.	1	208.	16
9.	11	59.	5	109.	12	159.	2	209.	9
10.	15	60.	5	110.	16	160.	23	210.	7
11.	11	61.	94	111.	13	161.	13	211.	4
12.	5	62.	8	112.	2	162.	7	212.	21
13.	12	63.	7	113.	15	163.	46	213.	4
14.	32	64.	3	114.	32	164.	3	214.	19
15.	15	65.	23	115.	29	165.	16	215.	16
16.	17	66.	19	116.	8	166.	3	216.	6
17.	1	67.	23	117.	15	167.	6	217.	11
18.	12	68.	9	118.	22	168.	13	218.	10
19.	6	69.	24	119.	15	169.	7	219.	41
20.	9	70.	39	120.	7	170.	4	220.	73
21.	4	71.	11	121.	9	171.	13	221.	2
22.	5	72.	12	122.	7	172.	25	222.	5
23.	8	73.	13	123.	28	173.	13	223.	9
24.	17	74.	10	124.	37	174.	13	224.	21
25.	6	75.	12	125.	4	175.	5	225.	20
26.	7	76.	10	126.	5	176.	10	226.	8
27.	48	77.	76	127.	73	177.	4	227.	13
28.	9	78.	10	128.	2	178.	11	228.	75
29.	4	79.	6	129.	51	179.	9	229.	14
30.	98	80.	52	130.	7	180.	20	230.	21
31.	9	81.	31	131.	3	181.	22	231.	9
32.	88	82.	11	132.	15	182.	12	232.	24
33.	9	83.	15	133.	2	183.	24	233.	4
34.	13	84.	2	134.	23	184.	7	234.	16
35.	7	85.	4	135.	42	185.	19	235.	11
36.	25	86.	8	136.	11	186.	5	236.	17
37.	10	87.	3	137.	98	187.	3	237.	8
38.	2	88.	11	138.	17	188.	23	238.	37
39.	43	89.	32	139.	33	189.	46	239.	16
40.	10	90.	29	140.	10	190.	2	240.	19
41.	16	91.	5	141.	6	191.	4		
42.	7	92.	30	142.	11	192.	14		
43.	4	93.	3	143.	46	193.	45		
44.	12	94.	3	144.	13	194.	13		
45.	8	95.	24	145.	6	195.	16		
46.	48	96.	12	146.	18	196.	85		
47.	9	97.	90	147.	11	197.	2		
48.	15	98.	6	148.	13	198.	13		
49.	46	99.	47	149.	6	199.	23		
50.	3	100.	25	150.	1	200.	2		

ANSWERS

Divide The Numbers And Round To The Tenth Decimal — Chapter 2

1. 12.0
2. 12.9
3. 17.2
4. 9.0
5. 33.0
6. 30.0
7. 29.0
8. 7.3
9. 17.6
10. 1.1
11. 22.7
12. 24.7
13. 16.5
14. 29.7
15. 4.3
16. 2.2
17. 7.6
18. 6.4
19. 4.6
20. 1.3
21. 75.0
22. 60.0
23. 6.5
24. 3.2
25. 3.4
26. 8.1
27. 10.4
28. 7.8
29. 13.8
30. 3.6
31. 7.5
32. 8.8
33. 35.0
34. 3.7
35. 8.7
36. 7.0
37. 31.0
38. 50.0
39. 87.0
40. 17.0
41. 24.3
42. 10.3
43. 9.6
44. 46.0
45. 4.0
46. 2.3
47. 18.6
48. 21.0
49. 19.3
50. 8.2
51. 3.8
52. 50.0
53. 6.3
54. 17.3
55. 6.0
56. 8.8
57. 16.8
58. 2.3
59. 85.0
60. 4.8
61. 41.0
62. 2.4
63. 43.5
64. 59.0
65. 47.0
66. 25.0
67. 4.0
68. 50.0
69. 74.0
70. 27.0
71. 5.7
72. 11.5
73. 14.0
74. 6.7
75. 11.7
76. 7.3
77. 4.0
78. 7.0
79. 24.0
80. 13.0
81. 36.5
82. 27.0
83. 4.7
84. 23.3
85. 32.5
86. 3.2
87. 13.6
88. 11.9
89. 10.3
90. 19.0
91. 24.3
92. 22.3
93. 13.6
94. 12.3
95. 8.0
96. 6.5
97. 10.7
98. 54.0
99. 10.8
100. 22.0
101. 3.0
102. 8.0
103. 15.0
104. 16.0
105. 8.2
106. 6.7
107. 13.6
108. 27.0
109. 10.0
110. 3.6
111. 3.7
112. 7.8
113. 13.3
114. 89.0
115. 6.2
116. 18.0
117. 8.6
118. 11.4
119. 5.0
120. 3.8
121. 2.0
122. 5.3
123. 11.0
124. 16.0
125. 8.0
126. 39.0
127. 66.0
128. 8.4
129. 10.8
130. 3.0
131. 21.8
132. 14.0
133. 3.3
134. 20.0
135. 7.2
136. 30.7
137. 12.0
138. 20.5
139. 10.6
140. 20.0
141. 3.0
142. 7.0
143. 30.5
144. 10.1
145. 35.0
146. 89.0
147. 15.8
148. 11.9
149. 8.3
150. 2.8
151. 5.4
152. 8.9
153. 13.2
154. 19.5
155. 10.8
156. 44.0
157. 5.0
158. 25.0
159. 6.0
160. 14.0
161. 16.0
162. 17.5
163. 13.9
164. 7.0
165. 11.0
166. 4.0
167. 46.0
168. 14.5
169. 12.0
170. 22.0
171. 18.8
172. 7.0
173. 7.4
174. 9.4
175. 8.8
176. 4.6
177. 3.7
178. 33.5
179. 40.0
180. 10.8
181. 11.1
182. 3.4
183. 76.0
184. 12.3
185. 5.8
186. 22.3
187. 8.1
188. 15.6
189. 2.2
190. 1.9
191. 5.6
192. 8.0
193. 12.5
194. 29.0
195. 2.0
196. 96.0
197. 11.3
198. 40.0
199. 2.4
200. 13.0
201. 15.7
202. 1.7
203. 12.7
204. 10.0
205. 18.0
206. 3.4
207. 21.5
208. 4.7
209. 2.6
210. 1.5
211. 7.5
212. 7.5
213. 1.6
214. 89.0
215. 2.8
216. 2.3
217. 37.5
218. 6.0
219. 16.6
220. 11.5
221. 22.5
222. 2.7
223. 84.0
224. 58.0
225. 9.2
226. 8.8
227. 43.0
228. 3.3
229. 12.0
230. 11.4
231. 8.0
232. 24.3
233. 14.8
234. 3.3
235. 9.0
236. 4.5
237. 18.5
238. 20.5
239. 96.0
240. 11.5

ANSWERS

Divide And Round To The Nearest Whole Number — Chapter 3

1. 8	**51.** 3	**101.** 11	**151.** 43	**201.** 6
2. 24	**52.** 10	**102.** 8	**152.** 2	**202.** 19
3. 11	**53.** 64	**103.** 3	**153.** 11	**203.** 11
4. 7	**54.** 12	**104.** 15	**154.** 16	**204.** 46
5. 13	**55.** 8	**105.** 20	**155.** 5	**205.** 10
6. 12	**56.** 9	**106.** 9	**156.** 14	**206.** 3
7. 5	**57.** 14	**107.** 33	**157.** 8	**207.** 11
8. 5	**58.** 91	**108.** 66	**158.** 5	**208.** 44
9. 29	**59.** 10	**109.** 9	**159.** 8	**209.** 11
10. 5	**60.** 7	**110.** 11	**160.** 4	**210.** 5
11. 14	**61.** 32	**111.** 30	**161.** 5	**211.** 3
12. 17	**62.** 6	**112.** 7	**162.** 12	**212.** 2
13. 4	**63.** 7	**113.** 7	**163.** 8	**213.** 1
14. 3	**64.** 32	**114.** 23	**164.** 13	**214.** 5
15. 2	**65.** 4	**115.** 14	**165.** 3	**215.** 2
16. 57	**66.** 12	**116.** 45	**166.** 3	**216.** 3
17. 2	**67.** 12	**117.** 15	**167.** 8	**217.** 90
18. 19	**68.** 5	**118.** 6	**168.** 3	**218.** 14
19. 9	**69.** 8	**119.** 14	**169.** 2	**219.** 14
20. 9	**70.** 23	**120.** 7	**170.** 2	**220.** 13
21. 10	**71.** 23	**121.** 6	**171.** 16	**221.** 10
22. 6	**72.** 18	**122.** 4	**172.** 4	**222.** 91
23. 9	**73.** 10	**123.** 57	**173.** 16	**223.** 8
24. 15	**74.** 29	**124.** 13	**174.** 36	**224.** 7
25. 19	**75.** 4	**125.** 8	**175.** 11	**225.** 17
26. 3	**76.** 4	**126.** 9	**176.** 6	**226.** 28
27. 12	**77.** 5	**127.** 4	**177.** 53	**227.** 2
28. 2	**78.** 13	**128.** 12	**178.** 15	**228.** 14
29. 3	**79.** 9	**129.** 5	**179.** 87	**229.** 7
30. 4	**80.** 4	**130.** 16	**180.** 6	**230.** 48
31. 8	**81.** 21	**131.** 14	**181.** 5	**231.** 5
32. 7	**82.** 4	**132.** 98	**182.** 10	**232.** 9
33. 11	**83.** 8	**133.** 19	**183.** 18	**233.** 10
34. 7	**84.** 19	**134.** 4	**184.** 7	**234.** 8
35. 17	**85.** 2	**135.** 4	**185.** 12	**235.** 23
36. 10	**86.** 3	**136.** 9	**186.** 15	**236.** 2
37. 50	**87.** 26	**137.** 10	**187.** 16	**237.** 9
38. 11	**88.** 9	**138.** 15	**188.** 4	**238.** 7
39. 21	**89.** 3	**139.** 6	**189.** 18	**239.** 7
40. 13	**90.** 16	**140.** 10	**190.** 17	**240.** 14
41. 6	**91.** 8	**141.** 13	**191.** 8	
42. 14	**92.** 6	**142.** 29	**192.** 10	
43. 49	**93.** 26	**143.** 33	**193.** 3	
44. 19	**94.** 76	**144.** 3	**194.** 75	
45. 6	**95.** 87	**145.** 13	**195.** 11	
46. 5	**96.** 11	**146.** 11	**196.** 18	
47. 11	**97.** 6	**147.** 1	**197.** 11	
48. 3	**98.** 12	**148.** 2	**198.** 11	
49. 27	**99.** 11	**149.** 50	**199.** 14	
50. 9	**100.** 9	**150.** 69	**200.** 21	

ANSWERS Divide And Round To The Tenth Decimal Place   Chapter 4

1. 6.7
2. 21.0
3. 9.1
4. 5.1
5. 2.3
6. 3.7
7. 9.3
8. 74.0
9. 16.7
10. 6.1
11. 12.8
12. 7.0
13. 8.0
14. 5.1
15. 14.2
16. 2.6
17. 11.0
18. 33.0
19. 6.0
20. 48.0
21. 35.5
22. 10.3
23. 4.2
24. 12.3
25. 5.0
26. 19.2
27. 16.8
28. 4.8
29. 82.0
30. 27.0
31. 6.3
32. 23.5
33. 15.4
34. 19.7
35. 5.3
36. 8.6
37. 85.0
38. 16.5
39. 15.0
40. 11.0
41. 17.6
42. 85.0
43. 5.7
44. 21.5
45. 19.0
46. 12.1
47. 10.8
48. 5.5
49. 6.9
50. 7.2
51. 7.4
52. 6.4
53. 1.4
54. 14.8
55. 10.7
56. 14.4
57. 6.2
58. 15.0
59. 25.5
60. 12.3
61. 15.0
62. 96.0
63. 12.3
64. 11.5
65. 5.9
66. 98.0
67. 4.7
68. 97.0
69. 7.3
70. 13.4
71. 1.5
72. 1.7
73. 1.8
74. 4.0
75. 19.8
76. 9.6
77. 67.0
78. 5.8
79. 7.4
80. 6.1
81. 10.0
82. 4.8
83. 3.2
84. 6.8
85. 9.0
86. 14.8
87. 16.7
88. 18.8
89. 9.7
90. 4.5
91. 12.8
92. 26.3
93. 9.6
94. 8.5
95. 6.1
96. 5.4
97. 12.6
98. 28.0
99. 9.9
100. 15.0
101. 7.8
102. 6.7
103. 15.3
104. 9.3
105. 24.0
106. 6.0
107. 11.0
108. 7.0
109. 13.0
110. 3.4
111. 38.0
112. 13.9
113. 20.0
114. 28.5
115. 14.0
116. 37.0
117. 4.0
118. 3.9
119. 2.2
120. 21.5
121. 78.0
122. 45.0
123. 56.0
124. 47.0
125. 17.5
126. 23.0
127. 40.5
128. 11.8
129. 10.7
130. 95.0
131. 23.7
132. 83.0
133. 17.0
134. 16.0
135. 7.3
136. 41.0
137. 88.0
138. 49.5
139. 13.4
140. 4.3
141. 3.2
142. 8.8
143. 9.0
144. 2.9
145. 10.0
146. 4.6
147. 7.1
148. 16.5
149. 9.8
150. 45.0
151. 12.3
152. 6.8
153. 15.3
154. 18.4
155. 12.5
156. 3.0
157. 7.8
158. 22.5
159. 15.2
160. 3.6
161. 5.4
162. 15.3
163. 10.4
164. 35.0
165. 2.6
166. 16.3
167. 4.8
168. 4.3
169. 2.7
170. 5.8
171. 9.7
172. 12.5
173. 32.3
174. 5.0
175. 10.0
176. 14.0
177. 9.5
178. 5.3
179. 11.7
180. 12.7
181. 14.8
182. 15.0
183. 31.5
184. 30.0
185. 2.2
186. 7.4
187. 5.3
188. 3.0
189. 6.0
190. 2.4
191. 1.5
192. 9.0
193. 4.4
194. 17.7
195. 15.0
196. 21.5
197. 30.0
198. 19.3
199. 13.0
200. 20.3
201. 4.8
202. 6.8
203. 9.7
204. 26.0
205. 16.0
206. 13.0
207. 13.4
208. 7.9
209. 3.4
210. 10.9
211. 9.8
212. 20.5
213. 45.0
214. 6.1
215. 6.5
216. 6.2
217. 14.2
218. 6.7
219. 46.0
220. 9.3
221. 6.4
222. 69.0
223. 49.5
224. 2.3
225. 17.0
226. 4.8
227. 9.4
228. 8.0
229. 7.9
230. 6.4
231. 7.0
232. 10.6
233. 16.0
234. 2.1
235. 5.3
236. 16.2
237. 14.3
238. 9.6
239. 26.5
240. 2.0

ANSWERS
Divide And Round To The Hundredth Decimal Place

1. 16.00
2. 40.00
3. 15.50
4. 26.00
5. 17.75
6. 9.50
7. 5.80
8. 3.22
9. 2.60
10. 6.78
11. 7.71
12. 15.75
13. 2.50
14. 4.67
15. 80.00
16. 16.00
17. 3.67
18. 9.67
19. 13.50
20. 53.00
21. 16.33
22. 19.00
23. 48.00
24. 13.00
25. 7.29
26. 28.00
27. 5.25
28. 65.00
29. 7.78
30. 3.33
31. 35.00
32. 5.00
33. 94.00
34. 10.00
35. 11.71
36. 3.67
37. 5.67
38. 12.00
39. 4.33
40. 12.75
41. 14.33
42. 16.00
43. 13.83
44. 18.80
45. 44.50
46. 14.40
47. 10.38
48. 8.25
49. 8.25
50. 2.75
51. 1.71
52. 6.33
53. 10.29
54. 19.33
55. 5.67
56. 6.13
57. 3.67
58. 3.67
59. 9.89
60. 6.89
61. 2.29
62. 20.50
63. 11.29
64. 5.56
65. 17.80
66. 2.38
67. 5.00
68. 1.33
69. 10.33
70. 10.33
71. 13.14
72. 11.00
73. 13.00
74. 7.38
75. 9.17
76. 2.11
77. 9.56
78. 26.00
79. 9.25
80. 7.13
81. 10.78
82. 4.11
83. 2.14
84. 3.00
85. 4.67
86. 59.00
87. 4.67
88. 8.67
89. 4.29
90. 7.25
91. 18.25
92. 5.67
93. 6.11
94. 44.50
95. 44.00
96. 47.00
97. 39.00
98. 5.67
99. 21.00
100. 23.67
101. 6.67
102. 1.43
103. 1.78
104. 8.33
105. 32.00
106. 10.17
107. 90.00
108. 13.50
109. 5.14
110. 13.00
111. 2.17
112. 2.00
113. 15.00
114. 4.00
115. 8.33
116. 9.25
117. 16.00
118. 10.67
119. 22.00
120. 23.75
121. 3.63
122. 37.50
123. 16.75
124. 5.88
125. 19.75
126. 31.67
127. 4.00
128. 5.88
129. 9.60
130. 1.50
131. 8.80
132. 28.00
133. 12.25
134. 17.25
135. 6.50
136. 1.43
137. 45.00
138. 11.00
139. 2.50
140. 5.57
141. 17.75
142. 35.00
143. 6.25
144. 8.78
145. 6.00
146. 45.00
147. 4.00
148. 29.33
149. 21.00
150. 6.33
151. 25.00
152. 2.56
153. 20.00
154. 1.33
155. 35.00
156. 3.56
157. 95.00
158. 15.33
159. 15.20
160. 10.89
161. 3.25
162. 3.67
163. 41.00
164. 44.00
165. 5.00
166. 46.00
167. 24.33
168. 12.83
169. 3.44
170. 3.75
171. 19.20
172. 16.60
173. 4.00
174. 6.63
175. 10.00
176. 10.83
177. 2.80
178. 12.86
179. 2.89
180. 7.00
181. 4.56
182. 3.25
183. 76.00
184. 28.00
185. 60.00
186. 11.80
187. 49.00
188. 91.00
189. 17.75
190. 7.67
191. 14.60
192. 7.50
193. 11.14
194. 4.00
195. 59.00
196. 12.00
197. 35.50
198. 6.88
199. 21.25
200. 17.40
201. 12.33
202. 5.80
203. 11.33
204. 41.00
205. 35.00
206. 49.00
207. 23.50
208. 42.50
209. 10.50
210. 10.00
211. 9.25
212. 6.14
213. 13.67
214. 11.14
215. 1.83
216. 5.00
217. 4.63
218. 2.67
219. 10.67
220. 99.00
221. 27.50
222. 5.88
223. 29.33
224. 7.80
225. 3.50
226. 27.33
227. 8.11
228. 45.00
229. 4.83
230. 19.33
231. 9.40
232. 7.75
233. 10.33
234. 10.17
235. 10.17
236. 5.83
237. 4.00
238. 17.25
239. 6.00
240. 10.00

ANSWERS

Horizontal Division Using Single Digit Numbers And Ten

#	Answer	#	Answer	#	Answer	#	Answer	#	Answer
1.	1 1/5	51.	3	101.	3/4	151.	2/3	201.	7/8
2.	1 1/7	52.	5	102.	8/9	152.	1/2	202.	9
3.	1 1/4	53.	2/3	103.	1 1/6	153.	8	203.	6
4.	5	54.	1 1/8	104.	4/5	154.	3 1/2	204.	1/3
5.	1/3	55.	4	105.	1/10	155.	4/5	205.	4 1/2
6.	3/5	56.	2 1/2	106.	1/3	156.	7/10	206.	5
7.	3/7	57.	1/10	107.	3/4	157.	3 1/3	207.	2/5
8.	4/7	58.	7/9	108.	4	158.	1/6	208.	3 1/2
9.	1/2	59.	1 3/4	109.	1 2/5	159.	2	209.	1
10.	2/3	60.	3	110.	1 1/4	160.	5	210.	6
11.	1 2/3	61.	1/3	111.	2/3	161.	1 1/2	211.	2 2/3
12.	3/5	62.	1/3	112.	3/4	162.	1 1/9	212.	3
13.	7/10	63.	1 1/4	113.	4 1/2	163.	3/10	213.	1/2
14.	1/2	64.	1 1/7	114.	6/7	164.	1	214.	1 1/4
15.	4	65.	1 1/2	115.	2 1/3	165.	3/10	215.	1 1/3
16.	1 1/9	66.	2/9	116.	1 1/4	166.	9/10	216.	2
17.	2	67.	1 1/7	117.	3	167.	1/8	217.	2/5
18.	1/8	68.	1	118.	3/5	168.	3	218.	1
19.	1 3/7	69.	1 4/5	119.	1/10	169.	2 2/3	219.	5
20.	5/6	70.	1/2	120.	3 1/2	170.	2/7	220.	1 1/6
21.	1/2	71.	5/6	121.	7/10	171.	1	221.	2 2/3
22.	4	72.	1/2	122.	1	172.	1/2	222.	1 1/8
23.	5/8	73.	2 1/3	123.	8	173.	2 1/3	223.	1/9
24.	1	74.	2 1/4	124.	1	174.	2 1/2	224.	2 2/3
25.	1/4	75.	2/5	125.	1	175.	5/9	225.	2/7
26.	7	76.	4 1/2	126.	1	176.	2/5	226.	1 4/5
27.	1	77.	2/3	127.	2 2/3	177.	1/5	227.	9
28.	2/5	78.	2 2/3	128.	1/7	178.	4/5	228.	1 1/2
29.	4/5	79.	1/2	129.	4/9	179.	1/4	229.	5/7
30.	4/5	80.	1/4	130.	1/2	180.	1/3	230.	1/2
31.	7/8	81.	1/4	131.	9	181.	1/2	231.	1
32.	7/10	82.	1 2/3	132.	2 1/4	182.	3 1/3	232.	2 1/4
33.	5/7	83.	1 1/4	133.	2	183.	1	233.	4/7
34.	3	84.	5/9	134.	1 2/3	184.	1 4/5	234.	1 1/7
35.	1 1/7	85.	1 2/3	135.	7	185.	1	235.	1 4/5
36.	3 1/3	86.	1	136.	1 3/7	186.	1 1/6	236.	4/9
37.	1/10	87.	1	137.	4/5	187.	1 2/5	237.	1/5
38.	1 1/2	88.	4/5	138.	1/5	188.	1 1/4	238.	4/7
39.	2 1/3	89.	1/4	139.	3/7	189.	3/4	239.	5/7
40.	1/2	90.	7/8	140.	1	190.	1/3	240.	1 1/3
41.	1 1/4	91.	2/3	141.	1/9	191.	10		
42.	1 3/7	92.	1 1/8	142.	1/2	192.	1/7		
43.	3/5	93.	1/3	143.	1 2/3	193.	1/2		
44.	3/7	94.	3 1/2	144.	1 3/7	194.	1 1/8		
45.	1 1/8	95.	2 2/3	145.	3/5	195.	1 2/7		
46.	1/5	96.	2	146.	1 1/4	196.	1 2/3		
47.	8/9	97.	3	147.	3	197.	1 1/8		
48.	3/5	98.	5/9	148.	2/3	198.	4		
49.	1/2	99.	1 1/2	149.	4/9	199.	3/4		
50.	2	100.	1 3/5	150.	7/10	200.	1		

ANSWERS

Horizontal Division Using Two Digit Numbers   Chapter 7

1. 1 3/71
2. 1 17/46
3. 1 18/19
4. 4 10/11
5. 1 11/72
6. 21
7. 19/75
8. 14/25
9. 4 9/10
10. 4/81
11. 5 2/19
12. 5 7/8
13. 2/3
14. 17/20
15. 61/66
16. 1 7/11
17. 1 1/89
18. 1 12/71
19. 1 1/2
20. 1 1/65
21. 1 21/55
22. 1 9/17
23. 3 4/7
24. 79/86
25. 20/29
26. 8/45
27. 2 13/42
28. 52/95
29. 76/81
30. 20/79
31. 28/55
32. 80/89
33. 25/38
34. 58/69
35. 4 1/8
36. 29/35
37. 3 13/20
38. 5 7/17
39. 16/39
40. 19/42
41. 1 17/66
42. 1 25/46
43. 2 14/33
44. 51/92
45. 25/39
46. 12/13
47. 2 1/5
48. 3/20
49. 35/48
50. 58/91

51. 41/71
52. 8 6/7
53. 59/61
54. 2 8/9
55. 1 13/41
56. 1 21/67
57. 38/91
58. 1 9/34
59. 1/4
60. 72/91
61. 4/57
62. 12/73
63. 1 7/23
64. 47/82
65. 1 4/21
66. 2/99
67. 12/43
68. 16/19
69. 27/28
70. 38/69
71. 1/3
72. 19/48
73. 28
74. 7/99
75. 1 7/32
76. 6/7
77. 1/52
78. 9/40
79. 29/34
80. 3 1/2
81. 1 3/5
82. 4 17/19
83. 22/39
84. 51/94
85. 31/96
86. 21/94
87. 1/2
88. 37/59
89. 13/66
90. 2 5/39
91. 15/19
92. 2 5/9
93. 7/29
94. 1 46/53
95. 6/53
96. 11/15
97. 1 13/16
98. 8 1/4
99. 26/99
100. 25/28

101. 65/89
102. 3 5/9
103. 2 1/2
104. 4 2/3
105. 17/44
106. 47/92
107. 22/49
108. 1 2/17
109. 1 2/59
110. 17/24
111. 1 4/31
112. 11/19
113. 9/19
114. 37/91
115. 65/86
116. 12 2/3
117. 3 13/19
118. 7 2/3
119. 1 4/7
120. 27/95
121. 2 5/46
122. 1 39/50
123. 1 3/5
124. 9 3/5
125. 4 11/20
126. 3 17/24
127. 5
128. 1 7/90
129. 6/17
130. 2 8/23
131. 2 1/2
132. 5 2/5
133. 5/52
134. 1 3/40
135. 15 1/3
136. 10 8/9
137. 1/72
138. 3 5/11
139. 2 4/5
140. 37/49
141. 3/26
142. 1 2/57
143. 91/92
144. 13 2/5
145. 9/49
146. 21/92
147. 4/9
148. 3/43
149. 3/7
150. 32/55

151. 52/79
152. 2 11/39
153. 1 19/35
154. 2 11/36
155. 8/19
156. 16
157. 59/88
158. 1 22/27
159. 1 11/56
160. 1 16/25
161. 1 1/88
162. 19/29
163. 65/86
164. 3 3/26
165. 2 14/39
166. 1 9/77
167. 1 20/21
168. 9 2/3
169. 1 19/72
170. 33/97
171. 1/3
172. 7 1/4
173. 51/59
174. 6/29
175. 1 4/5
176. 31/60
177. 1 33/53
178. 1 17/23
179. 13/90
180. 2 5/36
181. 44/61
182. 2 7/34
183. 1 11/29
184. 25 2/3
185. 2/3
186. 10/31
187. 2 1/25
188. 1 17/80
189. 57/70
190. 35/93
191. 27/41
192. 9/82
193. 17/32
194. 5/7
195. 4
196. 46
197. 28/69
198. 7/86
199. 25/33
200. 53

201. 2 3/8
202. 2/3
203. 17/99
204. 2 3/14
205. 8/23
206. 3/16
207. 29/30
208. 1 28/67
209. 3/10
210. 1 12/59
211. 19/77
212. 17/20
213. 1 7/75
214. 1 1/8
215. 2
216. 8/25
217. 22/39
218. 3 8/21
219. 5/86
220. 85/99
221. 2 1/18
222. 43/84
223. 3/7
224. 53/67
225. 2 15/41
226. 1 29/39
227. 6 2/15
228. 85/88
229. 1/14
230. 2 27/29
231. 1 33/52
232. 1 9/13
233. 1 13/20
234. 4 11/18
235. 8/9
236. 69/91
237. 18/29
238. 1/7
239. 23/43
240. 29/77

ANSWERS

Horizontal Division Using Up-To Three Digit Numbers — Chapter 8

1. 325/462
2. 1 457/471
3. 1 239/243
4. 607/658
5. 4/81
6. 10 55/58
7. 448/793
8. 730/793
9. 1 220/391
10. 3 107/116
11. 3 48/59
12. 914/917
13. 49/68
14. 1 1/28
15. 203/956
16. 1 23/256
17. 46/659
18. 1 293/561
19. 260/631
20. 189/386
21. 1 185/546
22. 1 355/518
23. 1 5/466
24. 3 16/29
25. 1 89/133
26. 203/267
27. 299/743
28. 133/200
29. 6 28/75
30. 724/837
31. 22 6/7
32. 1 29/465
33. 109/535
34. 1 39/158
35. 2 31/250
36. 2 21/116
37. 787/838
38. 1 17/407
39. 1 237/695
40. 817/887
41. 24/307
42. 247/577
43. 4 40/73
44. 1 437/545
45. 10 36/53
46. 289/434
47. 11 27/28
48. 48/205
49. 2 129/160
50. 1 221/521
51. 2 113/363
52. 1/2
53. 261/853
54. 501/712
55. 203/473
56. 67/75
57. 329/755
58. 6 15/158
59. 22/213
60. 29/105
61. 1 13/877
62. 2 8/9
63. 503/523
64. 533/596
65. 12 53/57
66. 155/177
67. 37/644
68. 44 4/19
69. 3 59/73
70. 3 17/37
71. 26 6/17
72. 563/856
73. 86/481
74. 1 167/625
75. 1 84/167
76. 610/693
77. 229/609
78. 2 97/126
79. 1
80. 2/205
81. 23/323
82. 343/685
83. 829/945
84. 325/662
85. 1 1/43
86. 46 1/3
87. 1 38/603
88. 326/495
89. 227/683
90. 1 66/185
91. 8 12/91
92. 21/412
93. 4 37/71
94. 1 31/534
95. 54/497
96. 265/411
97. 189/359
98. 197/894
99. 1/48
100. 14/75
101. 366/833
102. 35/134
103. 8 46/47
104. 1 335/527
105. 7 58/95
106. 1 245/719
107. 17/71
108. 79/136
109. 889/901
110. 79/294
111. 484/683
112. 131/704
113. 1 43/69
114. 77/472
115. 5 83/167
116. 394/505
117. 950/951
118. 5 43/127
119. 59/883
120. 25/92
121. 35/39
122. 725/869
123. 382/499
124. 200/251
125. 155/622
126. 61/496
127. 629/932
128. 1 44/423
129. 482/483
130. 5 11/84
131. 23/98
132. 26/57
133. 232/273
134. 4 63/97
135. 11 20/87
136. 5/338
137. 117/602
138. 282/431
139. 1 194/251
140. 113/230
141. 3 124/187
142. 90/197
143. 1 23/77
144. 7 3/8
145. 29 7/10
146. 79/435
147. 8/63
148. 1 319/633
149. 111/706
150. 9/14
151. 1 71/559
152. 13/16
153. 51/302
154. 11 19/65
155. 62/67
156. 497/949
157. 275/844
158. 782/919
159. 1 385/576
160. 1 43/76
161. 16 33/34
162. 1 7/188
163. 168/445
164. 95/444
165. 1 295/474
166. 122/149
167. 593/608
168. 49/675
169. 1 45/283
170. 1 405/424
171. 102/961
172. 1 263/487
173. 33/41
174. 43/133
175. 1 97/117
176. 65/157
177. 3 5/27
178. 3 139/259
179. 1 169/497
180. 1 191/679
181. 2 23/306
182. 1 160/261
183. 2 4/9
184. 1/2
185. 251/939
186. 38/117
187. 59/97
188. 487/681
189. 415/986
190. 1 59/233
191. 41/112
192. 115/457
193. 8 7/19
194. 310/407
195. 4 21/229
196. 4 45/68
197. 163/279
198. 1 1/108
199. 2 16/23
200. 263/938
201. 1 218/467
202. 577/729
203. 17 3/10
204. 170/273
205. 74/129
206. 1 128/423
207. 55/97
208. 1 247/527
209. 14/97
210. 1 107/322
211. 440/937
212. 1 79/378
213. 1 116/779
214. 1 206/235
215. 308/327
216. 68/241
217. 7/18
218. 5 18/53
219. 1 139/233
220. 3/98
221. 419/661
222. 179/762
223. 399/482
224. 144/569
225. 25 1/2
226. 618/719
227. 6 23/149
228. 450/611
229. 1 36/133
230. 1 38/883
231. 3 30/79
232. 31/129
233. 6 2/3
234. 364/955
235. 1 13/426
236. 622/721
237. 1 211/274
238. 1 173/298
239. 55 3/14
240. 1 60/401

ANSWERS Horizontal Division Using Up-To Three Digit Numbers   Chapter 9

#		#		#		#		#	
1.	43/379	51.	37/256	101.	85/512	151.	1/33	201.	31/780
2.	20/197	52.	62/151	102.	34/625	152.	1/73	202.	13/849
3.	67/962	53.	85/536	103.	37/399	153.	1/481	203.	73/822
4.	6/17	54.	65/333	104.	39/245	154.	5/57	204.	86/399
5.	17/205	55.	11/51	105.	33/827	155.	7/46	205.	4/33
6.	41/176	56.	80/563	106.	17/222	156.	1/122	206.	83/906
7.	20/53	57.	1/20	107.	28/209	157.	19/487	207.	67/693
8.	39/53	58.	13/103	108.	21/92	158.	50/721	208.	17/198
9.	92/609	59.	24/827	109.	67/838	159.	76/707	209.	33/421
10.	88/615	60.	31/183	110.	17/75	160.	28/439	210.	43/444
11.	10/77	61.	31/655	111.	1/123	161.	19/336	211.	25/298
12.	8/317	62.	29/122	112.	57/877	162.	49/376	212.	17/208
13.	44/125	63.	98/715	113.	33/667	163.	28/891	213.	48/185
14.	16/61	64.	13/88	114.	71/948	164.	4/39	214.	1/162
15.	65/961	65.	39/698	115.	91/751	165.	30/571	215.	39/200
16.	73/526	66.	1/154	116.	91/877	166.	97/545	216.	40/747
17.	28/205	67.	53/220	117.	83/965	167.	68/431	217.	16/275
18.	96/469	68.	86/785	118.	22/773	168.	54/689	218.	29/212
19.	97/206	69.	1/13	119.	71/682	169.	2/37	219.	39/191
20.	59/632	70.	36/953	120.	70/559	170.	52/269	220.	62/607
21.	54/935	71.	45/752	121.	20/449	171.	49/258	221.	2/19
22.	2/49	72.	1/31	122.	95/659	172.	63/337	222.	29/131
23.	71/713	73.	75/113	123.	43/483	173.	10/59	223.	8/135
24.	99/538	74.	1/327	124.	18/101	174.	31/318	224.	31/787
25.	12/103	75.	52/275	125.	5/93	175.	3/19	225.	49/866
26.	20/127	76.	9/137	126.	2/545	176.	84/179	226.	2/11
27.	55/757	77.	8/39	127.	1/309	177.	61/722	227.	64/657
28.	89/931	78.	83/491	128.	65/449	178.	51/821	228.	61/121
29.	5/82	79.	50/197	129.	29/746	179.	30/713	229.	7/62
30.	5/169	80.	16/499	130.	63/202	180.	1/603	230.	33/428
31.	35/516	81.	9/692	131.	17/189	181.	83/936	231.	35/428
32.	47/434	82.	15/311	132.	23/104	182.	12/179	232.	28/183
33.	41/217	83.	20/697	133.	65/912	183.	40/871	233.	38/883
34.	43/499	84.	19/55	134.	32/205	184.	44/233	234.	14/325
35.	2/83	85.	69/547	135.	73/851	185.	47/459	235.	6/67
36.	89/851	86.	37/581	136.	39/608	186.	80/839	236.	3/388
37.	5/549	87.	44/789	137.	63/974	187.	56/773	237.	58/617
38.	67/106	88.	57/583	138.	1/927	188.	81/296	238.	5/509
39.	7/18	89.	79/674	139.	1/28	189.	2/59	239.	17/252
40.	29/508	90.	100/513	140.	3/250	190.	82/659	240.	40/71
41.	77/408	91.	79/118	141.	46/515	191.	63/977		
42.	33/467	92.	83/551	142.	10/133	192.	63/403		
43.	33/239	93.	8/229	143.	23/424	193.	23/604		
44.	13/136	94.	9/151	144.	97/856	194.	37/631		
45.	8/559	95.	23/185	145.	79/834	195.	79/541		
46.	19/166	96.	3/85	146.	1/929	196.	33/313		
47.	78/991	97.	19/577	147.	97/645	197.	6/37		
48.	32/873	98.	67/762	148.	91/904	198.	60/479		
49.	79/293	99.	76/955	149.	31/335	199.	10/87		
50.	16/73	100.	34/477	150.	1/364	200.	65/439		

ANSWERS

Horizontal Division Using Up-To Three Digit Numbers   Chapter 10

1. 3 27/80
2. 11 37/41
3. 10 76/81
4. 12 29/55
5. 13 2/71
6. 11 19/35
7. 6 1/58
8. 9 1/58
9. 13 19/28
10. 1 64/81
11. 6 5/94
12. 17 25/57
13. 41 17/22
14. 2 14/29
15. 52 13/17
16. 1 8/11
17. 11 1/29
18. 8 31/74
19. 9 5/78
20. 32 13/20
21. 26 13/30
22. 3 19/24
23. 62
24. 6 74/97
25. 26 4/13
26. 2 57/86
27. 12 10/21
28. 1 35/92
29. 14 9/50
30. 7 23/71
31. 6 29/63
32. 1 18/43
33. 13 20/69
34. 4 7/31
35. 28
36. 12 3/4
37. 3 1/4
38. 7 11/58
39. 5 7/9
40. 12 45/56
41. 42 9/10
42. 23 10/29
43. 5 1/59
44. 11 5/23
45. 18 25/32
46. 21 31/32
47. 8 31/92
48. 75 9/10
49. 11 11/45
50. 52 1/9

51. 11 4/77
52. 8 43/54
53. 10 41/78
54. 16 6/23
55. 44 13/14
56. 21 19/37
57. 10 38/65
58. 7 3/43
59. 32
60. 2 4/13
61. 3 59/61
62. 5 71/78
63. 11 4/27
64. 28
65. 17 2/7
66. 25 2/25
67. 204 1/4
68. 9 4/71
69. 7 44/95
70. 8 19/100
71. 13 3/14
72. 8 22/91
73. 1 54/73
74. 16 25/34
75. 5 1/4
76. 160 1/2
77. 24 27/28
78. 3 22/35
79. 10 1/42
80. 47 3/10
81. 6 4/5
82. 1 79/100
83. 2 9/11
84. 17 8/9
85. 16 51/55
86. 6 19/45
87. 39 5/19
88. 6 52/85
89. 2 47/87
90. 2 4/55
91. 21 21/44
92. 7 10/17
93. 6 13/14
94. 3 1/6
95. 20 37/40
96. 81 11/12
97. 19 11/39
98. 1 69/88
99. 59 5/11
100. 53 11/14

101. 3 1/15
102. 576
103. 8 13/22
104. 5 5/6
105. 10 6/47
106. 7 3/4
107. 45 8/9
108. 11 26/59
109. 7 64/75
110. 2 25/66
111. 5 16/83
112. 8 16/67
113. 7 37/59
114. 9 14/67
115. 12 53/72
116. 5 7/79
117. 15
118. 12 60/73
119. 6 44/85
120. 168 1/2
121. 6 13/16
122. 32 7/15
123. 9 9/13
124. 22 24/31
125. 16 5/7
126. 8 38/55
127. 49 10/11
128. 9 20/21
129. 20 16/23
130. 17 4/9
131. 22 2/21
132. 3 29/43
133. 8 19/22
134. 1 31/45
135. 37 11/12
136. 6 1/5
137. 6 33/50
138. 73 4/5
139. 13 13/14
140. 44 10/17
141. 4 29/81
142. 24 1/2
143. 20 39/40
144. 10 37/80
145. 5 3/7
146. 7 25/94
147. 3 40/41
148. 35 19/20
149. 5 6/23
150. 18 20/21

151. 4 15/86
152. 140
153. 26
154. 62 3/4
155. 7 18/47
156. 7 14/23
157. 19
158. 21
159. 23 17/39
160. 8 3/34
161. 11 71/78
162. 5 19/94
163. 5 55/83
164. 3
165. 12 3/10
166. 17 53/55
167. 77 5/7
168. 4 1/2
169. 6 10/37
170. 13 17/20
171. 244
172. 18 22/43
173. 13 25/58
174. 11 62/63
175. 154
176. 16 7/40
177. 10 5/49
178. 9 5/51
179. 32 2/9
180. 16 7/51
181. 9 12/29
182. 14 51/52
183. 31 1/9
184. 17 41/53
185. 3 39/98
186. 10 20/39
187. 25 9/17
188. 10 13/23
189. 13 19/49
190. 8 17/44
191. 173
192. 45 6/11
193. 5 51/64
194. 58 5/17
195. 1 67/97
196. 283
197. 12 11/14
198. 8 35/36
199. 8 3/98
200. 20

201. 13 8/19
202. 3 1/2
203. 17 1/2
204. 7 40/41
205. 14 9/37
206. 12 23/44
207. 76 6/11
208. 7 35/67
209. 5 17/26
210. 2 43/85
211. 8 25/42
212. 197
213. 10 3/5
214. 7 23/38
215. 11 49/80
216. 86 5/8
217. 7 26/53
218. 30 14/25
219. 3 31/67
220. 3 1/8
221. 169
222. 3 22/93
223. 6 47/68
224. 9 53/94
225. 10 3/83
226. 16 13/18
227. 10 26/33
228. 23 9/29
229. 121 1/8
230. 11 8/19
231. 10 29/54
232. 36 10/11
233. 11 45/82
234. 5 18/55
235. 15 17/19
236. 14 13/41
237. 2 1/6
238. 12 45/73
239. 2 5/68
240. 20 8/15

ANSWERS

Give The Answers As Fractions In Lowest Terms Chapter 11
Page 199

#	Answer	#	Answer	#	Answer	#	Answer	#	Answer
1.	2 1/2	51.	3 1/3	101.	3 1/2	151.	7/8	201.	14/17
2.	16 2/3	52.	1/2	102.	1 3/4	152.	2/11	202.	12/23
3.	1 1/4	53.	12/13	103.	1 1/2	153.	1 19/23	203.	2 3/17
4.	2 6/17	54.	2 7/15	104.	3 1/3	154.	3/7	204.	2 1/6
5.	13/17	55.	9 2/5	105.	20/23	155.	2 5/9	205.	1/2
6.	3/20	56.	1 3/13	106.	2 1/9	156.	6/17	206.	4/11
7.	19/20	57.	1 2/17	107.	1 9/19	157.	5/12	207.	1 2/9
8.	1	58.	8	108.	4 5/7	158.	3	208.	9/11
9.	1 2/25	59.	5 7/8	109.	8/15	159.	9/10	209.	2/17
10.	3 9/10	60.	2 8/15	110.	4 1/2	160.	4/23	210.	1/3
11.	1/8	61.	7/20	111.	3/19	161.	1/17	211.	6/17
12.	2 1/2	62.	2	112.	2/3	162.	1/2	212.	4/9
13.	1	63.	3/22	113.	6/7	163.	2/15	213.	2/17
14.	5/18	64.	9/23	114.	9/22	164.	1/6	214.	6/23
15.	1/2	65.	5/13	115.	11/24	165.	2/23	215.	1 1/3
16.	1 1/6	66.	1 2/5	116.	5	166.	1/2	216.	6
17.	1 1/11	67.	1	117.	1 1/9	167.	4	217.	1 5/14
18.	1/2	68.	11/15	118.	1 1/3	168.	3/11	218.	2
19.	3/8	69.	6/23	119.	3/11	169.	5/13	219.	3/5
20.	4/5	70.	5/24	120.	8/15	170.	1 2/17	220.	1 8/9
21.	1/2	71.	5/23	121.	1 1/17	171.	1 1/11	221.	9
22.	5/13	72.	1/22	122.	7/19	172.	1/11	222.	7/15
23.	1/22	73.	19/22	123.	4 5/7	173.	17/18	223.	1 12/13
24.	1/20	74.	11/13	124.	2 7/8	174.	1 1/22	224.	1/3
25.	5/8	75.	2 2/17	125.	3/10	175.	2 5/21	225.	1 5/17
26.	14/15	76.	1 2/15	126.	4 4/7	176.	4 1/2	226.	3/16
27.	22 1/2	77.	1 5/9	127.	2 3/8	177.	1 5/12	227.	1 5/21
28.	2 1/4	78.	1/10	128.	1 18/19	178.	1 19/24	228.	9 1/2
29.	2 5/7	79.	4 4/9	129.	1 11/19	179.	1 1/3	229.	7/10
30.	16	80.	3 1/3	130.	5/8	180.	5 3/8	230.	11/16
31.	5/12	81.	1 8/21	131.	1/4	181.	7/10	231.	5/21
32.	1 1/2	82.	2	132.	4 4/9	182.	1 1/2	232.	5/11
33.	5/16	83.	1 23/24	133.	11/23	183.	9	233.	5/14
34.	2 11/17	84.	3	134.	1/7	184.	11/13	234.	2/5
35.	2/3	85.	8/9	135.	7/24	185.	4/9	235.	2/23
36.	2 1/7	86.	4/11	136.	5/16	186.	3/13	236.	3/4
37.	5/14	87.	4/19	137.	11/12	187.	2/13	237.	1 2/3
38.	1	88.	7/18	138.	1 3/8	188.	6/11	238.	2/3
39.	5/11	89.	1	139.	1/4	189.	7	239.	1/4
40.	12/19	90.	9/22	140.	1/4	190.	4/21	240.	1 1/11
41.	1 1/7	91.	2/3	141.	5	191.	3		
42.	3	92.	1	142.	1 1/3	192.	2 1/5		
43.	1/9	93.	1 1/2	143.	6/11	193.	1 3/16		
44.	5/8	94.	7/18	144.	1	194.	18/25		
45.	8/21	95.	1/10	145.	7/9	195.	9/10		
46.	9/20	96.	1 1/3	146.	9/17	196.	2 1/12		
47.	12	97.	2 8/9	147.	1 9/11	197.	1 1/18		
48.	1 3/8	98.	1 1/3	148.	6 4/7	198.	17/24		
49.	6	99.	14/23	149.	2 2/9	199.	1 1/7		
50.	1 7/12	100.	2 1/12	150.	2 1/5	200.	1 1/3		

ANSWERS

Give The Answers As Fractions In Lowest Terms

1. 5 4/5
2. 2 5/8
3. 19/24
4. 1 1/3
5. 2 11/13
6. 4 11/14
7. 1 2/25
8. 27/68
9. 4 3/10
10. 39/44
11. 24/67
12. 1/17
13. 21/61
14. 3/41
15. 57/77
16. 1 22/37
17. 10 2/7
18. 1 1/27
19. 2 3/19
20. 3/10
21. 4 4/5
22. 3/11
23. 22
24. 1 3/10
25. 46/47
26. 1 14/25
27. 1
28. 19/99
29. 2/25
30. 1 17/76
31. 19/58
32. 11/48
33. 1 9/28
34. 13/29
35. 2 1/9
36. 8/97
37. 5/38
38. 16 1/4
39. 1 21/26
40. 33/91
41. 12/19
42. 4/57
43. 18/23
44. 51/56
45. 3 3/5
46. 82/85
47. 1 23/24
48. 1 1/21
49. 4 4/9
50. 3/23
51. 64/91
52. 67/79
53. 67/85
54. 36/95
55. 1/2
56. 10/23
57. 16/17
58. 76/77
59. 65/98
60. 1 33/43
61. 74/91
62. 1 35/62
63. 1/18
64. 1/11
65. 50/99
66. 1 29/38
67. 29/65
68. 9/16
69. 32 1/2
70. 51/91
71. 49/58
72. 78/95
73. 63/76
74. 9 2/5
75. 43/64
76. 19/28
77. 7 4/5
78. 1 13/77
79. 1 3/83
80. 3
81. 26/45
82. 3/28
83. 1 11/28
84. 1/28
85. 31/33
86. 1 1/2
87. 25/32
88. 75/91
89. 4/27
90. 55/84
91. 10/47
92. 1 23/65
93. 22/31
94. 2 11/19
95. 1 1/9
96. 2 13/35
97. 15/22
98. 1 5/11
99. 1 18/19
100. 54/77
101. 1 2/81
102. 26/83
103. 11/23
104. 1 1/95
105. 15 1/3
106. 2 2/5
107. 1 1/7
108. 16/19
109. 1 15/43
110. 1 21/62
111. 35/78
112. 3/8
113. 2 2/15
114. 1 4/15
115. 37 1/2
116. 58
117. 1/2
118. 7 3/8
119. 1/5
120. 5/12
121. 17/20
122. 1 3/11
123. 1 8/77
124. 66/73
125. 7/32
126. 10/13
127. 1/4
128. 1 1/42
129. 1 35/61
130. 1
131. 29 1/3
132. 89/93
133. 16/17
134. 9/25
135. 11/18
136. 4 8/9
137. 2 5/7
138. 6/23
139. 20
140. 9 3/4
141. 2 1/22
142. 3 14/15
143. 56/73
144. 26/57
145. 1 16/23
146. 47/50
147. 1 37/46
148. 21/34
149. 4/9
150. 57/74
151. 1 4/11
152. 2/23
153. 1 5/13
154. 35/97
155. 2 1/49
156. 33/80
157. 41/43
158. 29/65
159. 9/19
160. 88/91
161. 1 16/69
162. 1 1/7
163. 2 1/42
164. 52/71
165. 2 4/21
166. 1 2/7
167. 17/81
168. 1/7
169. 1 3/70
170. 1 22/57
171. 2 2/11
172. 3 4/25
173. 2 5/26
174. 5 2/3
175. 1 1/5
176. 1 5/42
177. 1 19/49
178. 3/16
179. 25/47
180. 3 8/9
181. 19/84
182. 2 1/14
183. 3 3/16
184. 1 29/35
185. 2 3/25
186. 13/51
187. 5 8/11
188. 1 1/24
189. 26/73
190. 17/31
191. 4 5/17
192. 1 1/2
193. 45/64
194. 1 3/10
195. 23/24
196. 19/28
197. 1 6/17
198. 47/61
199. 1 1/12
200. 39/49
201. 6 1/4
202. 1 5/14
203. 2/53
204. 1 22/35
205. 15/16
206. 16/33
207. 1 9/28
208. 23/60
209. 12 1/2
210. 5/31
211. 1/4
212. 2 7/19
213. 15/31
214. 1 29/67
215. 3 1/10
216. 1 10/43
217. 1/17
218. 53/63
219. 5 6/7
220. 1/2
221. 23 1/2
222. 1 33/59
223. 2 15/28
224. 1 18/25
225. 65/82
226. 49/71
227. 1 4/65
228. 7 2/13
229. 1 1/29
230. 2 18/19
231. 31/35
232. 40/81
233. 10/33
234. 74/97
235. 67/77
236. 25/41
237. 3/23
238. 1 35/37
239. 15/32
240. 1 29/34

ANSWERS

Give The Answers As Fractions In Lowest Terms   Chapter 13

1. 2 35/37
2. 55 1/2
3. 9 43/47
4. 5 23/45
5. 7 15/31
6. 11 2/59
7. 6 7/82
8. 27 13/18
9. 46 1/21
10. 9 9/16
11. 18 5/8
12. 133
13. 62 12/13
14. 9 18/29
15. 63 5/14
16. 38
17. 15 25/59
18. 13 14/17
19. 42 2/3
20. 14 8/31
21. 5 17/32
22. 8 7/90
23. 18 1/2
24. 7 1/61
25. 2 54/65
26. 658
27. 14 39/43
28. 17 24/25
29. 117
30. 7 25/78
31. 7 31/65
32. 20 22/47
33. 7 80/81
34. 1 68/77
35. 9 25/68
36. 8 25/43
37. 11 4/7
38. 2 1/2
39. 2 71/75
40. 53 15/16
41. 10 29/83
42. 7 17/54
43. 11 7/38
44. 245 1/3
45. 34
46. 7 6/7
47. 56 5/9
48. 6 66/85
49. 4 41/45
50. 6 2/57

51. 8 49/90
52. 49 9/14
53. 55 1/2
54. 5 65/66
55. 10 37/81
56. 2 23/44
57. 25 3/14
58. 2 23/33
59. 96 1/6
60. 21 25/26
61. 9 31/45
62. 15 1/19
63. 3 20/27
64. 2 14/31
65. 33
66. 48 3/5
67. 4 19/47
68. 5 21/41
69. 11 8/23
70. 3 13/84
71. 2 43/62
72. 2 18/29
73. 5 5/94
74. 89 7/10
75. 71
76. 20 37/45
77. 12 3/13
78. 8 4/33
79. 8 61/68
80. 20
81. 17
82. 5 14/47
83. 13 21/64
84. 39 13/23
85. 10 1/4
86. 9 23/32
87. 7 77/93
88. 68 2/5
89. 6 32/85
90. 1 40/83
91. 12 3/14
92. 19 3/5
93. 19 11/48
94. 11 11/19
95. 5 17/37
96. 8 8/13
97. 9 25/51
98. 11 19/42
99. 34 2/3
100. 6 1/4

101. 16 9/37
102. 26 6/17
103. 13 5/31
104. 19 7/17
105. 13 62/67
106. 26 3/29
107. 2 20/59
108. 10 40/93
109. 13 1/4
110. 11 17/54
111. 11 33/71
112. 3 16/81
113. 9 79/96
114. 2 3/4
115. 3 74/89
116. 1 16/31
117. 1 49/67
118. 10 5/16
119. 12 16/35
120. 6 29/49
121. 10 56/81
122. 3 35/48
123. 4 65/69
124. 31 12/29
125. 29 17/30
126. 4 23/58
127. 6 24/53
128. 53 4/17
129. 1 47/73
130. 8 15/44
131. 5 5/46
132. 11 5/12
133. 38 3/23
134. 29 1/29
135. 10 57/70
136. 8 3/5
137. 106 1/4
138. 25 24/25
139. 18 11/38
140. 2 57/73
141. 3 45/53
142. 7 11/25
143. 100 2/3
144. 5 29/45
145. 18 3/8
146. 5 26/83
147. 17 1/3
148. 14 5/14
149. 5 8/19
150. 54 5/16

151. 2 22/35
152. 5 13/31
153. 17 7/34
154. 2 8/33
155. 5 23/31
156. 23 2/29
157. 34 1/13
158. 11 11/27
159. 2 4/9
160. 16 22/35
161. 13
162. 219
163. 3 19/53
164. 4 10/33
165. 3 32/35
166. 358
167. 9 5/11
168. 35 3/7
169. 7 39/41
170. 22 5/32
171. 17 4/29
172. 11 11/79
173. 9 13/27
174. 14 23/33
175. 7 14/33
176. 3 61/91
177. 15 11/37
178. 1 46/77
179. 4 58/65
180. 4 25/91
181. 6 54/59
182. 7
183. 650
184. 47
185. 2 51/97
186. 11 10/39
187. 6 3/34
188. 7
189. 31 1/21
190. 27 5/7
191. 54
192. 22 42/43
193. 2 4/5
194. 9 5/12
195. 11 1/45
196. 7 3/68
197. 3 6/11
198. 43 4/9
199. 2 22/83
200. 10 13/92

201. 6 8/21
202. 7 11/53
203. 6 8/17
204. 5 50/91
205. 12
206. 7 17/19
207. 5 8/9
208. 31 3/28
209. 13 10/27
210. 7 4/43
211. 4 29/99
212. 5 25/28
213. 15 44/57
214. 9 9/46
215. 7 6/35
216. 79 2/3
217. 9 47/50
218. 5 4/37
219. 3 1/4
220. 257 1/3
221. 13 9/10
222. 15 11/56
223. 19 4/19
224. 9 5/23
225. 7 5/26
226. 4
227. 21 3/4
228. 136 3/4
229. 47 2/3
230. 7 5/27
231. 6 76/97
232. 5 54/95
233. 15 13/50
234. 18 5/17
235. 15 30/31
236. 30 4/19
237. 10 37/65
238. 341 1/2
239. 4 18/89
240. 13 24/31

ANSWERS

Give The Answers As Fractions In Lowest Terms Chapter 14

1. 164/609
2. 476/641
3. 475/899
4. 1 119/212
5. 88/157
6. 3 1/2
7. 441/842
8. 49/88
9. 1 162/347
10. 1 103/345
11. 263/798
12. 2 7/10
13. 499/950
14. 143/302
15. 488/803
16. 2 6/7
17. 283/366
18. 101/102
19. 15/44
20. 3/19
21. 1 200/549
22. 7 92/109
23. 21/158
24. 2 38/155
25. 4 152/165
26. 2 27/208
27. 310/673
28. 402/659
29. 487/668
30. 709/880
31. 1 7/38
32. 2 133/144
33. 138/365
34. 107/279
35. 109/286
36. 5 37/140
37. 185/303
38. 3 143/153
39. 2 20/89
40. 1 71/634
41. 773/943
42. 133/438
43. 1 103/379
44. 191/963
45. 541/706
46. 4 179/185
47. 1 102/143
48. 4 10/11
49. 1 107/682
50. 397/438
51. 182/467
52. 1 315/389
53. 792/917
54. 1 117/532
55. 1 96/311
56. 1 299/486
57. 49/95
58. 83/247
59. 1 26/33
60. 4 29/35
61. 518/877
62. 3 83/159
63. 7 93/109
64. 1 1/2
65. 591/961
66. 1 59/182
67. 461/932
68. 6/31
69. 1 108/331
70. 1 430/499
71. 155/164
72. 46/215
73. 1 215/597
74. 445/496
75. 7 19/43
76. 3 61/73
77. 1 65/198
78. 328/633
79. 163/243
80. 1 14/19
81. 2 73/284
82. 191/221
83. 127/202
84. 3 5/7
85. 142/159
86. 46/49
87. 1 200/703
88. 1 179/804
89. 4 57/134
90. 709/874
91. 1 235/484
92. 1 88/845
93. 1 6/611
94. 183/308
95. 2 45/149
96. 131/332
97. 916/959
98. 333/778
99. 101/315
100. 269/358
101. 1 306/337
102. 170/463
103. 1 43/80
104. 449/904
105. 2 12/47
106. 187/301
107. 645/907
108. 2 34/35
109. 1 59/835
110. 174/593
111. 189/988
112. 325/556
113. 1 202/763
114. 1 294/625
115. 179/225
116. 1 17/829
117. 3 90/223
118. 7 89/115
119. 1 87/104
120. 1/2
121. 213/332
122. 2 47/73
123. 1 91/716
124. 2 63/197
125. 2 1/34
126. 2 46/103
127. 33/37
128. 29/54
129. 657/725
130. 1 151/773
131. 1 248/569
132. 4 57/70
133. 166/263
134. 1 87/310
135. 3 51/233
136. 921/950
137. 4 3/74
138. 1 14/205
139. 701/793
140. 1 15/31
141. 125/464
142. 1 35/163
143. 2
144. 1 9/887
145. 1 28/57
146. 1 271/309
147. 245/548
148. 1 85/182
149. 455/892
150. 517/955
151. 2 185/403
152. 3 139/170
153. 2 56/123
154. 2 99/394
155. 7 35/116
156. 1 113/140
157. 3 53/126
158. 3 43/76
159. 1 1/9
160. 1 333/392
161. 256/819
162. 7 62/107
163. 1 167/403
164. 1 125/161
165. 3 26/55
166. 1 55/272
167. 1 5/78
168. 194/611
169. 193/468
170. 8 8/39
171. 1 16/251
172. 3 27/56
173. 258/607
174. 1 201/271
175. 387/464
176. 2 115/284
177. 350/631
178. 83/320
179. 1 88/103
180. 4 4/7
181. 151/892
182. 3 101/130
183. 5 113/129
184. 2 16/185
185. 5 25/92
186. 41/95
187. 509/680
188. 4 14/15
189. 1 91/404
190. 328/833
191. 2 61/439
192. 737/996
193. 213/622
194. 1 3/113
195. 287/481
196. 551/974
197. 2 53/227
198. 156/887
199. 1 203/554
200. 107/384
201. 1 375/566
202. 3 110/213
203. 483/979
204. 4 39/70
205. 1 107/511
206. 368/599
207. 3 97/238
208. 1 325/342
209. 3/5
210. 1 313/403
211. 337/935
212. 276/305
213. 1 75/893
214. 719/909
215. 17/32
216. 723/845
217. 345/743
218. 413/453
219. 318/415
220. 275/688
221. 1 95/224
222. 1 7/99
223. 101/925
224. 2 34/59
225. 343/577
226. 179/242
227. 51/52
228. 3 11/70
229. 347/692
230. 431/504
231. 1 80/197
232. 1 65/218
233. 763/984
234. 1 35/379
235. 1 139/420
236. 400/761
237. 584/941
238. 1 41/749
239. 322/883
240. 523/979

ANSWERS   Divide The Negative & Positive Numbers To The Tenth Decimal Place   Chapter 15   Page 203

1. 0.9	**51.** 7.6	**101.** 1.9	**151.** 3.0	**201.** 0.9
2. -8.0	**52.** 2.5	**102.** -1.1	**152.** 1.7	**202.** 1.9
3. 6.6	**53.** 0.5	**103.** -5.5	**153.** 8.6	**203.** -1.8
4. 1.4	**54.** -0.4	**104.** -16.7	**154.** 26.0	**204.** -3.6
5. -16.3	**55.** 6.3	**105.** 1.3	**155.** 7.9	**205.** 39.0
6. -2.0	**56.** 0.6	**106.** 6.4	**156.** 3.4	**206.** 2.0
7. -3.4	**57.** -8.6	**107.** 0.9	**157.** -3.3	**207.** 4.1
8. -2.2	**58.** 6.1	**108.** 32.0	**158.** 0.3	**208.** 6.4
9. -1.3	**59.** 1.2	**109.** 3.7	**159.** 24.3	**209.** -2.1
10. 6.5	**60.** -0.8	**110.** -1.6	**160.** 5.3	**210.** 3.8
11. 2.0	**61.** -1.2	**111.** 1.3	**161.** 4.8	**211.** -5.6
12. 2.6	**62.** 3.6	**112.** 26.0	**162.** 0.8	**212.** -1.6
13. 3.4	**63.** 10.1	**113.** 5.3	**163.** 0.6	**213.** 2.0
14. 2.0	**64.** 1.9	**114.** 3.1	**164.** -2.2	**214.** -2.3
15. 2.4	**65.** 4.5	**115.** 3.6	**165.** -5.2	**215.** -2.1
16. -11.0	**66.** 0.6	**116.** 2.4	**166.** 0.6	**216.** 6.7
17. 4.7	**67.** -5.7	**117.** -1.9	**167.** 4.9	**217.** 2.9
18. -0.8	**68.** 7.3	**118.** -2.6	**168.** -2.3	**218.** 33.5
19. -22.0	**69.** -2.0	**119.** 1.3	**169.** 3.7	**219.** -2.1
20. -5.1	**70.** 3.8	**120.** 1.5	**170.** 17.6	**220.** -1.7
21. 1.5	**71.** 4.0	**121.** 0.0	**171.** 0.9	**221.** 58.0
22. 4.3	**72.** -9.8	**122.** 3.4	**172.** 29.5	**222.** -0.8
23. 0.0	**73.** 4.8	**123.** 0.0	**173.** -1.8	**223.** -2.1
24. 2.0	**74.** 4.7	**124.** 2.3	**174.** 0.5	**224.** 1.9
25. -0.3	**75.** 3.6	**125.** 6.8	**175.** -1.7	**225.** 0.6
26. 27.0	**76.** -1.9	**126.** -1.3	**176.** 3.0	**226.** 3.6
27. 11.8	**77.** 31.5	**127.** 23.5	**177.** -8.0	**227.** 6.0
28. 2.8	**78.** 2.1	**128.** -2.1	**178.** 0.5	**228.** 12.7
29. 1.0	**79.** 5.9	**129.** 8.4	**179.** -0.2	**229.** 0.6
30. -0.6	**80.** 1.4	**130.** 0.8	**180.** 1.4	**230.** 9.9
31. 1.8	**81.** 26.3	**131.** -0.9	**181.** 1.5	**231.** -2.8
32. 2.1	**82.** 4.8	**132.** -3.3	**182.** 23.8	**232.** 10.6
33. 1.6	**83.** 0.5	**133.** -2.6	**183.** 11.8	**233.** 3.8
34. 3.3	**84.** -0.8	**134.** 0.7	**184.** 2.6	**234.** 1.5
35. -1.5	**85.** 3.9	**135.** 14.2	**185.** 7.3	**235.** -3.7
36. 1.8	**86.** -0.1	**136.** 2.6	**186.** 19.0	**236.** 3.3
37. -2.8	**87.** 12.0	**137.** 3.3	**187.** 75.0	**237.** 3.0
38. 0.0	**88.** 13.7	**138.** 6.9	**188.** 0.9	**238.** 30.0
39. -0.1	**89.** 7.0	**139.** -1.8	**189.** 5.0	**239.** 10.4
40. -1.8	**90.** 6.5	**140.** -25.0	**190.** 0.6	**240.** -24.0
41. 1.1	**91.** -6.6	**141.** -1.9	**191.** -1.6	
42. 4.1	**92.** -3.0	**142.** -0.4	**192.** -1.6	
43. -3.4	**93.** 16.3	**143.** 1.0	**193.** 17.7	
44. 1.2	**94.** 2.7	**144.** 1.0	**194.** 1.6	
45. 10.7	**95.** 4.4	**145.** 2.7	**195.** 3.7	
46. -2.9	**96.** 0.9	**146.** 9.1	**196.** 4.8	
47. -1.2	**97.** 2.4	**147.** -11.3	**197.** 0.1	
48. -0.9	**98.** 3.7	**148.** -1.3	**198.** -9.0	
49. 0.5	**99.** 8.3	**149.** 7.0	**199.** 4.5	
50. 32.5	**100.** -0.8	**150.** -11.0	**200.** 5.6	

notes

www.ingramcontent.com/pod-product-compliance
Lightning Source LLC
Chambersburg PA
CBHW080449170426
43196CB00016B/2739